일본근대의 교실
# 가고시마를 찾아서

이달우 지음

공주대학교출판부

## 머리말

　교토(京都)와 나라(奈良)가 일본의 고대를 대표하고, 도쿄(東京)가 일본의 현대를 상징한다면, 가고시마(鹿兒島)를 빼놓고 일본의 근대를 논할 수는 없다. 페리클레스가 아테네를 '헬라스의 학교'라고 했던 것처럼 말한다면, 가고시마야말로 '일본근대의 교실'이라고 해도 과언이 아닐 것이다.

　나는 2009년 3월부터 2010년 2월까지 1년간 학교로부터 국외연구년의 허락을 받았으며, 국외체류지로 일본의 가고시마를 선택하였다. 가고시마를 체류지로 결정했던 것은 오늘날의 성숙한 일본사회의 저력이 어디에서 비롯된 것인가 궁금하였기 때문이다. 교육을 통해 시민의 의식이 고양되었기 때문인가? 아니면 각종 제도나 시스템이 잘 갖추어져 있었기 때문인가? 이 문제에 대한 답을 찾기 위해서 일본의 근대로 거슬러 올라가 그 진원지인 가고시마에 주목하지 않을 수 없었다.

　실제로 가고시마에서 1년 동안 지내면서 보고 들은 것들은 나의 판단과 선택이 크게 빗나가지 않았음을 뒷받침해 준다. 시마즈 타다요시의 이로하 우타와 실천이념, 적극적으로 근대화를 추진했던 시마즈 나리아키라의 탁월한 리더십, 사이고 다카모리 등의 사학교 창설이나 고쥬(鄕中) 교육 등이 좋은 예이다.

　성숙한 사회는 각종 제도나 시스템이 잘 갖추어져 있는 반면에 미성숙한 사회는 그렇지 못하다. 미성숙한 사회가 제도를 정비하고 효율적인 시스템을 갖추면 바로 성숙한 사회로 발전할 수 있는가? 아니다. 어떤 사회나 국가가 제대로 발전하려면, 그 집단 구성원들의 의식과 행동을 올바른 방향으로 바꾸어 주는 것이 제도나 시스템의 정비보다 선결되어야 한다.

구성원의 의식이 고양된 사회는 제도나 시스템이 제 기능을 잘 발휘할 수 있고, 제도와 시스템이 정돈된 사회일수록 그 구성원의 의식구조 또한 건강하게 마련이다. 이처럼 교육과 제도가 서로 긍정적인 영향을 주고받게 되면, 그 상승효과로 인해 사회는 더욱 건강한 상태를 유지하게 될 것이다.

그러나 외형적인 조건이 아무리 잘 갖추어진 사회라고 해도 그것을 운용하는 구성원의 의식과 행동이 제자리를 찾지 못하면 도로무공(徒勞無功)에 그치고 말 것이다. 따라서 인간의 의식과 행동의 변화를 추구하는 교육이 사회의 변화와 개혁의 근원적인 처방이 되어야 한다. 이것은 나의 소신이기도 하거니와 시대와 지역을 막론하고 건강한 사회를 지향하여 왔던 인류의 역사가 이를 증명하고 있다.

이 조그만 책자는 가고시마에서 지냈던 1년간의 연구년을 정리, 결산하는 의미에서 보고 듣고 생각한 것들을 모아놓은 것이다. 전문적인 연구와 분석을 통해 이루어진 것은 아니지만, 교육적인 안목에서 근대 이후의 일본사회를 이해하거나 또는 일본을 보는 우리의 관점을 정립하는데 조금이나마 도움이 되었으면 한다.

연구년과 책자 발간의 기회를 준 학교 당국과 출판부, 초빙교수에게 여러 가지 편의를 제공해 준 가고시마대학과 고바야시 헤이조(小林平造) 교수, 장기간의 공백으로 인한 불편을 참아준 교육학과 교수와 초려선생유적공원추진회 변평섭 회장, 가고시마에서 함께 지냈던 경기공대 황정훈 교수와 유학생들, 그리고 어머니와 아내에게 미안하고 고마운 인사를 이 책으로 대신한다.

2012년 2월

근이재에서 李達雨 지(識)

# 차 례

일본근대의 교실 가고시마를 찾아서

□ 머리말

## 제1장 사쓰마의 '고쥬교육'과 실천실학의 개념

1. 한국보다 백년 앞선 일본의 근대화 ················· 3
2. 이로하 우타와 실천지향적 교육 ··················· 8
3. 근대일본의 인물이 쏟아져 나온 가고시마 ············ 16
4. 일본의 근대에는 시마즈 나리아키라가 있었다 ········· 19
5. 내가 생각하는 교육 ··························· 28
6. 근대일본의 고향 사쓰마 ························ 30
7. 코이노보리와 참된 교육 ························ 35
8. 모방하고 싶은 토론 방식 ······················· 39
9. 카이칸의 내 학생들 ···························· 41
10. 사쓰마는 근대일본 인재의 보고 ·················· 44
11. 사쓰마의 '고쥬교육'과 실천실학의 개념 ············ 49
12. 근대일본의 심장 사쓰마 ························ 57
13. 교육으로 일어난 사쓰마 ························ 62
14. 쇠가 달구어질 때를 기다린다 ···················· 67
15. 안 보이는 것을 볼 수 있도록 노력하라 ············ 69
16. 나는 세계적인 교수다(?) ······················· 71
17. 젊은 사쓰마의 군상(群像) ······················ 73
18. 인혜와 채팅을 ································ 77
19. '비교육(非教育)'의 무간지옥(無間地獄) ············ 85

## 제2장 '교육시'로 불구교육을 고쳐보자

1. 하자쿠라(葉桜) ………………………………………………… 91
2. 치란 아리랑과 극동평화회관 ………………………………… 98
3. 사쿠라지마 …………………………………………………… 108
4. 깜찍하고 당돌한 참새 ……………………………………… 110
5. 두줄시와 하이쿠 그 즐거운 수작 ………………………… 111
6. 가고 싶은 가고시마 ………………………………………… 114
7. 가난뱅이는 쉴 틈이 없다 …………………………………… 116
8. 작별은 언제나 아쉽지만 …………………………………… 118
9. '교육시'로 불구교육을 고쳐보자 …………………………… 120
10. 처음으로 태평양을 만나다 ………………………………… 123
11. 달력 …………………………………………………………… 125
12. 유리화(琉璃花) ……………………………………………… 127
13. 중국 유학생의 두줄시 ……………………………………… 128
14. 공월정(共月亭)에서 ………………………………………… 130
15. 천년의 약속 ………………………………………………… 131

## 제3장 일본의 역사왜곡, 과연 끝이 없을까

1. 한일관계의 새로운 인식 …………………………………… 135
2. 일본학 연구가 시급하다 …………………………………… 143
3. 고대의 한일관계사를 생각하게 하는 기리시마 ………… 147
4. 망한 나라에 죄인 아닌 사람은 없다 ……………………… 156
5. 와신상담(臥薪嘗膽)의 길 …………………………………… 161

6. 소위 '식민지 근대화론'에 대하여 ················· 164
7. 일본이 과거사 반성을 하지 않는 이유는? ················· 167
8. 일본의 역사왜곡, 과연 끝이 없을까? ················· 172
9. 사쓰마야키의 심수관 옹을 만나다 ················· 179
10. 독코다이 카(특공대 모기) ················· 187
11. 일본의 미래가 무섭다 ················· 190
12. 일본 신화의 고장 다카치호(1) ················· 192

## 제4장 인간과 사회를 바꾸는 생활의 철학

1. 일거다득(一擧多得)의 음식문화를 기다린다 ················· 199
2. 느리게 사는 삶 ················· 204
3. 정치(政治)는 정치(定置) 또는 정치(正置)다 ················· 209
4. 약자를 위한 사회적 배려 ················· 216
5. 세상을 깨끗하게 하는 청소 ················· 219
6. 주차습관으로 읽는 삶의 태도 ················· 221
7. 자전거와 자본주의 ················· 225
8. 생각하며 사는 생활 ················· 227
9. 새마을 운동으로 나라를 다시 살리자 ················· 228
10. 명분은 소중하고 세상에 공짜는 없다 ················· 234
11. 민주주의와 시민정신 ················· 236
12. 눈으로 보는 민주주의에서 귀로 듣는 민주주의로 ················· 242
13. 살림의 지혜, 일회용 종이팩 도마 ················· 248
14. 카시코마리마시타 정신 ················· 251
15. 인사는 꼭 챙겨야 한다 ················· 255

16. '사쓰마아게'탕과 요리 강의(?) ················································ 257
17. 싫은 소리도 잘 한다 ······························································· 260
18. 선철(先哲)의 가르침에 헛말은 없다 ········································ 262
19. 용기 재활용은 제품디자인에서부터 ········································ 264
20. 운동의 3원칙 ············································································ 267
21. 테니스가 아니라 도(道)를 친 것이다 ····································· 270
22. 조심(操心)하면 세상이 편안하게 된다 ··································· 272
23. 춤(?)으로 하는 테니스 연습 ··················································· 274
24. 왼손 테니스와 Half Tennis ······················································ 276

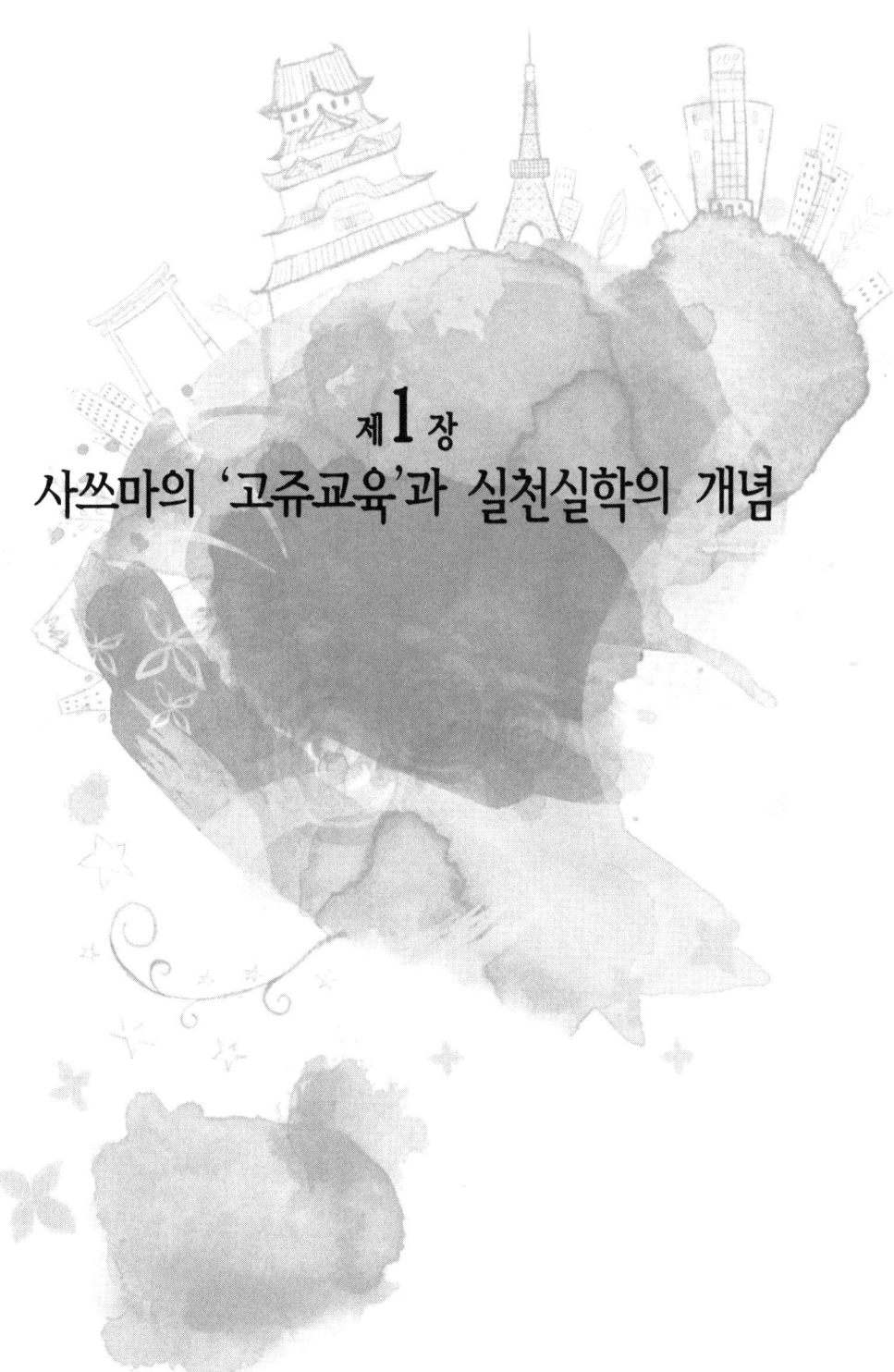

# 제1장
# 사쓰마의 '고쥬교육'과 실천실학의 개념

## 한국보다 백년 앞선 일본의 근대화

2009년 4월 11일 토요일

오늘도 비 소식은 없고 날이 아주 쾌청하다. 아침 산책은 분진 때문에 큰 길을 피해 코우츠키 가와(甲突川)로 갔다. 텐포잔바시(天保山橋)를 건너서 천변의 산책로를 따라 다케노바시(武之橋)까지 올라갔다가 내려왔다. 다케노바시 근처에서 작년에 세워진 마쓰가타 마사요시(松方正義)의 동상을 보았다. 마쓰가타는 사쓰마 출신으로 메이지시대(1867-1912)의 경제정책 결정에 핵심적인 역할을 맡았으며, 총리까지 지낸 사람이다.

어제 남은 밥에 김칫국을 데워 아침을 해결하였다. 아침엔 김칫국 한 사발이면 세상에 남부러울 것이 없다. 점심은 야스베이에서 든든하게 먹었다. 장거리 자전거 여행 준비를 마친 셈이다. 오늘은 남쪽으로 방향을 잡고 이부쓰키 방향으로 갈 수 있는 데까지 가볼 생각이다. 황 군에게는 방해가 될까 싶어 전화하지 않았다. 나중에 황 군에게 말했더니 아쉬워한다. 다른 날은 몰라도 주말이나 휴일에는 나하고 같이 돌아다니며 구경하고 싶다는 것이다. 다음부터는 휴일에는 황 군과 같이 다니기로 했다.

식당에서 나와 무작정하고 남쪽으로 방향을 잡고 페달을 밟았다. 1시간 30분쯤 달리자 어느 정도 도심지를 벗어나게 되었다. 제법 긴 고갯길을 자전거를 끌고 올라갔다. 이정표를 보니 사카노우에(坂之上)이다. 돌아올 때 자전거를 끌고 고개를 넘을 엄두가 나지 않아서 더 이상 가는 것을 포기하였다. 오늘 돌아다닌 지역은 가고시마 항이 항만시설을 확장, 발전해 나가고 있는 태평양과 가까운 남쪽 신시가지 일대인 것 같다. 돌아오는 길에 타니야마(谷山) 역 부근에서부터 간선도로를 벗어나 주택가의 도로를 따라 시내로 들어왔다. 주택가는 잘 정돈되어 있었고 깨끗하였다. 이런 마을에 살고 싶다.

숙소에 와서 저녁을 먹었다. 밥은 새로 짓고 국은 끓이지 않았다. 오후 내내 돌아다녔기 때문인지 밥맛이 꿀맛이었다. 저녁을 먹으며 습관처럼 알아듣지도 못하는 TV를 켰다. 황정훈 군은 일본어 청력을 제고하기 위해 라디오를 들었다고 한다. 나도 우선은 TV를 라디오처럼 들으면 된다. 어차피 숙소의 TV는 화면상태도 아주 좋지 않다. 어린이 방송 하나만 화면이 괜찮은 정도이다.

TV를 켜자 오늘도 어김없이 북한(일본에서는 북조선이라고 한다)의 미사일 발사 뉴스가 나온다. 여기 도착하던 5일부터 오늘까지 벌써 일주일째 하루도 빠지지 않고 계속 보도하고 있다. 미사일 발사와 관련해서 가장 심각한 쪽은 아마 한국일 것이다. 그런데도 한국에서는 한 사흘 호들갑을 떨다가 이제는 잠잠해졌다고 한다. 그러면 일본에서는 왜 이렇게 온통 북한 미사일 발사 뉴스에 매달리는 것인가? 한국이 무신경한 것인가? 일본이 과민반응인 것인가?

한국은 무신경하고 일본은 과민반응이라고 보는 것이 맞을 듯하다. 한국의 자칭 리더들은 본래 근본이 없으니까 그렇다 치더라도, 일본이 이처럼 북한 미사일 발사에 침소봉대(針小棒大)하여 집착하는 것은 무슨 연유일까? 북한 미사일이 정말 무서워서 그런다고 생각되지는 않는다.

북한에서는 현재 수백만 명이 기아에 시달리고 있다고 한다. 이런 상황이라면 북한정권이 아무리 강한 군사력을 가지고 있다 해도 결코 그것이 주변국에 위협적으로 작용하기는 어렵다. 국민을 위하지 않는 정권을 국민이 인정할 리 없다. 국민이 인정하지 않는 정권이 힘을 가지거나 행사하기는 어렵다. 이 정도의 분석이나 판단은 일본의 정보력으로도 충분히 파악하고 남을 것이다. 그렇다면 일본의 북한 미사일 뉴스에 대한 집요한 보도는 뉴스가 아니라 일종의 선전이라고 여겨진다. 다시 말하면, 일본은 북한 미사일 발사와 관련하여 전략적으로 계산된 의도를 가지고 있는 것이 아닌가 싶다. 북한 미사일 소식을 계속 강조함으로써 국제적으로도 그렇고 국내적으로도 평화헌법을 개정한다든지 또는 일본 자위대의 재무장이나 군사력 증강을 위한 명분을 축적하기 위한 것이다.

이것도 일본사회의 우경화 현상을 보여주는 하나의 사례가 아닌가 싶어 우려가 된다. 그러면서도 작은 일 하나라도 간과하지 않고, 국익을 위해 최대한 활용하려고 하는 일본사회의 응집력이 부럽기도 하다. 어떤 문제가 발생하면 금방 하늘이라도 무너지고 땅이라도 꺼질 것처럼 호들갑을 떨어대다가 이내 식어버리는 한국사회의 말초적, 단세포적 성향이 안타깝기도 하고…

한국과 일본의 사회적 성숙도의 차이에 대해서는 보다 근원적인 분석과 접근이 필요하다. 한국의 경우 스스로의 의지를 가지고 본격적으로 서구문명의 질서 속에 편입되기 시작한 것이 20세기 중반 이후이니까 불과 60여년 밖에 되지 않는다. 반면에 일본의 경우에는 아무리 늦춰 잡는다고 하더라도 19세기 중반의 명치유신 무렵부터 적극적으로 서구문명에 접근하고 있었다. 이렇게 보면, 한국과 일본의 근대화 출발 시점에는 무려 1백년 정도의 시차가 있다. 일본은 한국보다 1백년이나 앞서서 서구사회의 합리적 세계관을 일본사회에 적용해 온 것이다.

일본이 합리적으로 잘 다듬어진 정돈된 사회라는 생각에는 변함이 없다. 근대화로 상징되는 서구문명에 대한 평가는 논외로 하더라도, 일본은 한국보다 백년이나 앞서 서구적 근대문명의 질서를 가르치고 또 학습해 왔기 때문이다. 나는 정돈된 일본사회의 저력이 사회적 제도나 시스템 때문에 가능한 것인지 아니면 교육을 통해 사회 구성원들의 의식수준이 고양되었기 때문인지 궁금했었다. 그것이 알고 싶어서 일본에 왔다. 그중에서도 근대 일본의 심장에 해당되는 가고시마에 온 것이다.

가고시마는 근대이후 일본사회의 태반과 같은 곳이다. 가고시마에는 가는 곳마다 보이는 것마다 일본 근대화 초창기 역사의 엄연한 증거들이 즐비하다. 2007년에 가고시마를 방문했을 때에도 이곳이야말로 근대이후 일본사회를 가능하게 한 진원지라는 강한 인상을 받았었다. 그래서 강연이나 교류회에서 근대일본의 심장은 동경이 아니라 가고시마라고 여러 차례 말했었다.

한국의 근대화 역사를 한강의 기적이라고도 하고 압축성장이라고도 한다. 하지만 현재 한국이 염원하는 선진국의 대열에 진입하는 것은 결코 만만치가 않다. 역사에 월반(越班)은 없다. 역사는 우리에게 필요한 만큼의 노력과 희생 또는 시간을 요구하게 마련이고 우리는 그에 상응하는 대가를 지불해야 한다.

나는 잠정적이기는 하지만 일본은 교육을 통해서 성숙한 시민의식의 토대를 구축하였으며, 전반적인 사회체제의 선진화를 이룰 수 있었던 것으로 보고 있다. 교육을 통해 시민의 의식수준이 고양되고, 고양된 의식수준을 가진 시민이 정비된 조직과 제도 또는 시스템을 고안하고 또 제 몫을 다할 수 있도록 하는 것이다. 이러한 사회구조가 자리를 잡게 된 다음부터는 교육과 시스템 양자가 서로에게 도움을 주는 선순환 또는 상승작용이 일어나게 된다. 사회적 선순환 구조가 정착되면 될수록 사회는 점점 유연해지게 마련이고, 따라서 그런 사회는 위기에 대한 대처와 적응력 또한 강하게 마련인 것이다. 오늘날 일본사회의 저력은 거저 얻은 것이 아니다. 오랜 시간에 걸친 노력의 산물이며, 그것을 뒷받침하는 것은 처음도 끝도 교육일 뿐이라고 생각한다.

## 이로하 우타와 실천지향적 교육

2009년 4월 12일 일요일(음력 3월 17일)

어제 저녁 일찍 잠든 탓인지 새벽 2시 30분경 잠이 깼다. 피곤한 탓인지 왜지(倭地) 깊숙이 들어와서 지내는 탓인지 꿈자리가 뒤숭숭하다. 잠을 다시 청했지만 쉽지가 않다. 일어나서 이것저것 뒤적거리다가 그저께가 보름이었던 것을 알게 되었다. 아하! 그래서 그랬었구나! 하는 생각이 퍼뜩 들었다. 그러고 보니 국제전화카드를 사던 날이 보름이었다. 전화카드를 새로 산 기분으로 전화를 드렸었는데, 아마도 어머니께서는 보름이라서 전화했다고 생각하셨을 것 같다. 죄송한 마음이 들었다. 앞으로는 매일은 몰라도 초하루 보름만이라도 놓치지 말아야겠다. 날짜에 음력을 함께 표시하면 놓칠 염려가 없을 것 같다.

아침 6시면 어김없이 잠이 깬다. 벌써 일주일째 그렇다. 산책길의 아침 공기가 상쾌하다. 텐포쟌오하시(天保山大橋) 다리를 건너 고우츠키가와의 천변을 따라 신칸바시(新上橋) 다리까지 갔다가 돌아왔다. 고라이바시(高麗橋) 근처에서 "사쓰마 번사(藩士)의 초석을 세운 기본이념"이라는 안내표지판을 보았다.

일신공(日新公)이라 불리는 시마즈 타다요시(島津忠良)는 시마즈가(島津家)를 중흥시킨 사람으로 존경받는 사람이다. 그가 텐분(天文) 14년(1545년)에 지은 이로하 우타(いろは歌)는 사쓰마 번사의 자제교육을 위한 전범(典範)으로 오랜 전통을 이어왔다고 한다. 타다요시는 이로하 우타를 사쓰마 번사 뿐만 아니라 하층민과 여자들에게도 외우게 하였다. 말하자면 상하귀천을 막론하고 사쓰마 번 전체가 이로하 우타를 가정교육의 기초로 삼았던 것이다.

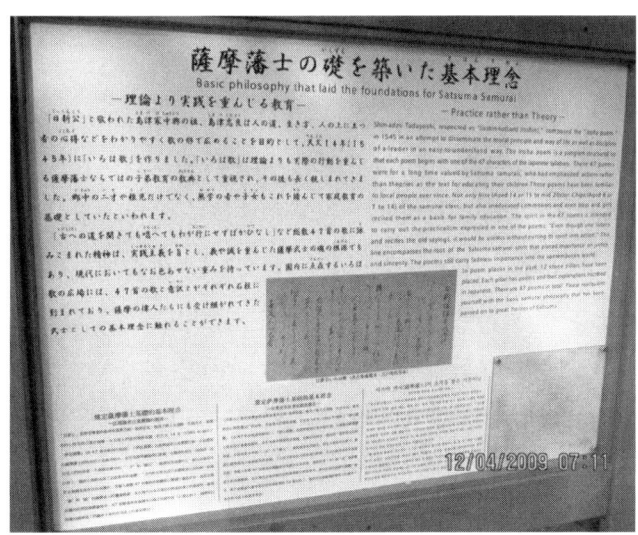

이로하 우타의 안내표지판

소수의 뛰어난 학자들에 의한 수준 높은 학문과 모든 국민이 쉽게 따를 수 있는 평범한 지식 중 어느 것이 사회의 발전에 더 도움이 되는 것일까? 타다요시는 그 답을 잘 알고 있었던 것이다. 그는 이런 취지에서 사쓰마 번의 자제교육을 위해 이로하 우타를 만들어 보급하였으며, 당연히 이론보다 실천을 중시하게 되었던 것이라고 보여진다. 바로 이러한 타다요시의 이로하 우타와 그 실천지향적 교육의 전통이 살아있었기 때문에 사쓰마 지역에서 막말유신기에 일본근대화의 주역이 되었던 인물들이 쏟아져 나오게 되었던 것이다.

이로하 우타의 형식은 히라가나 47개의 문자를 각각 맨 첫머리 글자로 사용하여 모두 47개의 노래를 만든 것이다. 이(い)를 첫 글자로 하는 노래는 '아무리 훌륭한 옛 성현의 가르침이라 하더라도 듣거나 부르기만 하고 스스로 행하지 않으면 안 된다'는 것이다. 이처럼 이로하 우타의 내용은 주로 사람의 도리, 삶의 태도, 윗사람의 마음가짐 등에 관한 것이다. 문장도 복잡하지 않아서 누구나 알기 쉬웠을 뿐만 아니라 노래 형태로 되어 있기 때문에 늘 가까이 할 수 있었을 것이다. 이로하 우타만 놓고 보면, 비슷한 시기의 한국의 실학이나 중국의 고증학이 보여준 방대한 저술이나 체계에 비해 빈약하다고 할 수 있을 것이다. 하지만 이것이 오히려 이로하 우타의 강점이 되었는지도 모른다.

속단하기는 이르지만, 성리학적 이념의 세계를 비판하고 등장하였던 한국의 실학이나 중국의 고증학은 실학적 세계관의 이론화에 치우친 감이 있다. 반면에 사쓰마의 이로하 우타가 보여준 실천의 세계는 말 그대로 실천 지향적이었던 것이다. 다시 말하면, 한국이나 중국의 실학이 이론적 실천지향이었다면, 사쓰마의 이로하 우타가 강조한 실천의 세계는 실제적 실천지향이라고 할 수 있다. 비약일지는 모르나 훗날의 역사가 이런 사실을 증명하지 않는가 싶다.

오후에 황 군과 함께 시로야마(城山) 공원에 갔다. 시로야마는 옛날 사쓰마의 본성(本城)인 쓰루마루(鶴丸) 성의 뒷산이다. 그리 높지는 않으나 전망이 아주 좋았다. 가고시마 시 전역은 물론이고 긴코왕과 사쿠라지마가 손에 잡힐 듯이 한 눈에 들어왔다. 정상에 있는 전망대로 올라가는 길목에서 사이고 다카모리(西鄕隆盛)의 굴을 보았다. 세이난(西南) 전쟁 때 사이고가 숨어있던 굴이라고 한다.

시로야마 전망대에서 황정훈 군과 함께

정상까지 경사진 길을 자전거를 끌고 한참을 걸어왔기 때문에 제법 더웠다. 전망대에 오르자 바람도 시원하고 시야가 탁 트여 가슴 속까지 후련하였다. 전망대 입구 오른편으로 하이쿠 응모함이 보였다. 하이쿠 한 수를 지어 응모함에 넣었다. 가고시마 시청에서 주관하는 것인데, 우수작을 선정하여 기념품을 보내준다고 한다. 황 군에게도 해보라고 했다.

더욱 놀라운 것은 TV의 어린이 방송에서 수시로 마츠오 바쇼(松尾芭蕉)나 요사 부손(与謝蕪村) 또는 고바야시 잇사(小林一茶) 등 하이쿠 명인들의 작품을 소개하여 어린이들이 감상할 수 있게 한다는 것이다. 일본을 시의 나라라고 하는 말을 들은 적이 있다. 나는 한국의 시조나 두줄시 그리고 일본의 하이쿠와 같은 짧은 시가 가지는 교육적 가치에 대해 관심을 가지고 있다. 시가 나의 궁극적인 관심인 교육을 위해 크게 봉사할 수 있다고 본다. 그래서 하이쿠에 대해서도 더 많이 알아보고 싶다. 그 답을 오늘 시로야마의 전망대에서 보았고, 또 수시로 TV방송에서 듣고 있는 것이다. 온 지 며칠도 되지 않았는데, 숙제를 다 한 것 같은 기분이다. 일본의 오늘이 있게 되기까지에는 어쩌면 하이쿠가 상당한 역할을 했을 것이라는 생각이 들기도 한다.

시로야마 전망대의 하이쿠 응모함 앞에서

　응모함에 준비해 놓은 양식에 하이쿠를 적어서 넣었다. 며칠 뒤에 고바야시 교수에게도 보여주었다. 일본어로는 첫 행이 1음절이 많아 기준을 넘었다. 한글로는 1, 2행이 다 기준보다 1음절이 많다. 억지로 음절을 맞추어 보여줬더니 그것은 하이쿠가 아니라며 웃는다. 하이쿠는 철저하게 5-7-5를 지켜야 한다고 하면서 다음에 고쳐준다고 한다. 어쨌든 고바야시 교수가 어떻게 고쳐줄 것인지 자못 기대된다.

　　さくらじまは(사쿠라지마는)
　　さつまを起こし(가고시마를 깨우고)
　　ぎみとわれ(그대는 나를)

전망대에서 내려오는 길목에서 "사이고 다카모리의 진의(眞意)"라는 안내판을 보았다. 사이고는 명치유신을 주도하였지만, 뒤에는 오히려 정부에 반란을 일으킨 주범으로 몰리게 된다. 이곳 사람들은 사이고를 끔찍하게 위하기 때문에 아마 사이고를 옹호하는 내용일 것이다. 명치유신과 일본의 근대화 초기에 관련된 이곳 출신 인물들의 유적이 잘 보존, 소개되고 있다. 가고시마 사람들이 이들을 각별히 사랑하고 존모(尊慕)하고 있기 때문일 것이다.

숙소로 돌아오는 도중 황 군을 위해 이로하 우타의 노래비를 다시 보기로 했다. 이로하 우타는 일본어의 50음 중 실질적으로 사용되는 47개의 음을 첫 글자로 삼아 만든 노래이다. 따라서 여기에 모두 47개의 노래비가 세워져 있는 셈이다. 아래 사진은 아(あ)행 이(い)단의 음을 첫 글자로 만들어진 노래비이다. 비석의 첫 글자 고(古)는 이니시에(いにしえ)로 읽는데, 이어지는 내용은 대강 아무리 훌륭한 옛 성현의 가르침이라 하더라도 듣거나 부르기만 하고 스스로 행하지 않으면 안 된다는 의미라고 한다.

47개의 노래비 가운데 몇 개를 같이 보았다. 황 군이 해석하는 것을 듣기도 하고, 이로하 우타의 교육적 의의에 대해서 이야기하기도 했다. 황 군도 이곳을 여러 번 지나다녔지만, 그 교육적 의의에 대해서는 미처 생각해 보지 못했다고 한다. 인사로 하는 말이겠지만, 새로운 안목이 열렸다고 좋아한다. 일전에 이신 후루사토칸을 보았을 때도 그랬다. 어쨌든 황 군이 가고시마에 대한 새로운 안목을 갖게 되었으며, 자신의 공부 방향에 대해서도 깊이 생각하는 계기가 되었다니 반가운 일이다.

이로하 우타의 노래비

이로하 우타의 노래비를 보고 숙소로 오는 길에 고라이쵸(高麗町)라는 지명이 보인다. 코우츠키가와에는 고라이바시(高麗橋)도 있다. 부근 대로변에 있는 한 고층건물은 이름이 "아이아무고라이(アイアム高麗)"라고 되어 있다. 일본어를 몰라 정확하게 어떤 의미인지는 모르나, 얼핏 생각하기에 "I am 高麗"가 아닐까 싶다.

황 군이 코우츠키가와의 한자어 갑돌천(甲突川)도 일본어로 보기에는 이름이 특이한 것 같다고 한다. 듣고 보니 그런 것 같다. 갑돌이와 갑순이라는 노래가 생각난다. 갑돌천까지는 좀 그렇다고 하더라도 고라이바시(高麗橋)나 고라이쵸(高麗町)는 필시 심상치 않은 곡절이 있을 것이다.

저녁에는 생일축하 파티 겸 한국유학생의 밤 행사에 참석하였다. 말이 유학생의 밤이지 거창한 행사를 치르는 것은 아니다. 유학생들이 모여서 이런저런 음식을 장만하여 술도 마시고 자유롭게 대화하고 소통하는 자리이다. 대부분 우리 애들하고 같은 연배의 학생들인데, 적극적이면서도 자유롭게 자신의 세계를 개척하기 위해 노력하고 있는 이들의 모습이 부럽기도 하고 보기도 좋았다.

아이아무 고라이(アイアム高麗) 빌딩

    다만 어떤 경우에는 이들이 몇몇의 특정한 테마에 대해서는 상당히 편협한 관점을 가지고 있다는 것이 느껴졌다. 왜곡된 교육과 수동적 학습의 결과라는 생각이 들어 마음이 무거웠다. 그런데도 시간이 지나면 어느 정도 나아질 것이라는 막연한 기대로 위안을 삼는 수 밖에 달리 방도가 없으니 답답하기만 하다. 자리가 더 계속되면 그런 점에 관한 얘기를 혹시 할 수도 있겠지만, 내일부터 본격적인 개강인지라 부담을 느낀 학생들이 평소와 달리 자리를 일찌감치 파하게 되었다. 다른 날 다시 기회가 있을 것이다. 공부는 하루 이틀만 하고 그만두는 것이 아니다. 오늘 못한 이야기는 다음에 하면 된다.

## 근대일본의 인물이 쏟아져 나온 가고시마

2009년 4월 16일 목요일(음력 3월 21일)

이유를 알 수는 없지만 컨디션이 약간 좋지 않아 아침 산책을 하지 않고 잠을 더 잤다. 아침 생각도 없어서 오렌지 반 조각과 미숫가루를 더운 물에 타서 죽처럼 만들어 먹었다. 오전 내내 쉬었더니 좀 낫다.

2시쯤 황정훈 군이 진행하는 한국어 공부반에 참석하기 위해 국제교류회관에 갔다. 이 한국어 공부 모임은 내 일본어 실력이 워낙 초보라서 그렇지만 나름대로 도움이 될 것 같다. 일본 사람은 한국어를 배우고 한국 사람은 일본어를 배우게 되니까 더욱 그렇다. 자주 만나면 더 좋겠지만, 일주일에 한 번(매주 금요일)이라도 빠지지 말고 꾸준히 참석해야겠다.

니시무타와 다이소에서 장을 본 다음 고라이바시까지 갔다가 숙소로 돌아오면서 고라이쵸(高麗町) 거리 이곳저곳을 둘러보았다. 코우난(甲南) 중학교 옆에서 '위인들이 자라난 마을(偉人たちの育った町)'이라는 기념비와 안내판을 보았다. 고라이(高麗), 우에노조(上之園), 우에아라타(上荒田) 등 가고시마 시내의 3개 지역 출신 인물들이 많다는 것을 알려주고 있다. 사이고 다카모리(西鄕 隆盛), 오쿠보 도시미치(大久保 利通)을 비롯한 일본 근대

초기의 쟁쟁한 인물들 48명의 이름이 새겨져 있었다. 이 3개 마을 이외의 가고시마시 다른 지역 출신 인물들까지 포함하면 그 수는 훨씬 더 많을 것이다. 대략 19세기 중반을 전후한 50여년 사이에 변방의 이 조그만 마을에서 이렇게 많은 인물이 쏟아져 나왔다는 사실이 놀랍다. 일본은 물론이고 세계적으로도 이런 사례는 찾아보기 어려울 것이다. 과연 가고시마는 일본 근대사를 빛낸 별들의 고향이라 할 만하다. 나라와 교오토가 일본의 고대를, 도쿄(東京)가 현대를 상징한다면, 가고시마는 일본의 근대를 상징한다고 봐야 할 것이다. 가고시마는 근대이후 일본의 심장부와 같은 지역이라고 해도 손색이 없다고 생각한다.

'위인들이 자라난 마을'이라는 안내판

저녁은 시금치를 넣고 된장국을 끓였는데, 다른 때보다 맛이 좀 나아졌다. 조미료는 일체 쓰지 않았으며, 된장을 좀 더 많이 넣었고 마른 새우를 몇 마리 더 넣었을 뿐이다. 된장국으로 훈훈하게 속을 데워서 그런지 컨디션이 훨씬 좋아진 것 같다. 된장이 이렇게 좋기는 한데, 요리를 할 때 냄새가 심한 것이 단점이라면 단점이다. 물론, 우리는 그 냄새조차 구수하게 느끼지만, 외국인들은 아주 힘들어 한다는 말을 들은 적이 있다. 국을 다 끓이고 환기를 하는 중인데, 마침 중국 계림공대(桂林工大) 교수인 류지쿠이(劉之葵)가 숙소로 들어오면서 말을 건넨다. 'you cook?'. 환기를 했는데도 냄새를 알아보고 인사를 하는 것이다. 요리가 아니고 약이라고 하면서 이해해 달라고 하였더니 괜찮다고 한다. 미안한 생각이 들기는 했지만 어쩔 수 없는 일이다. 어쨌든 다음부터는 된장을 끓일 때에는 가능하면 다른 사람이 없을 때를 골라서 하도록 신경을 써야겠다.

## 일본의 근대에는 시마즈 나리아키라가 있었다

2009년 4월 21일 화요일(음력 3월 26일)

아침 산책 때 족욕이 하고 싶었다. 자전거로 20분 정도를 달려서 돌핀 포트까지 갔다. 아직 족욕장이 개장되지 않았으므로 가고시마 항구의 바닷가를 돌아보았다. 크고 작은 배들이 수도 없이 드나드는 국제항만의 바다라고는 믿기지 않을 만큼 물이 깨끗했다. 손으로 떠서 세수를 해도 될 정도로 깨끗하다. 기름과 쓰레기로 뒤범벅이 된 한국의 어느 항구가 떠올라 나도 모르는 사이에 또 비교하고 있었다. 산책 중 노숙자를 보았다. 부자 나라에도 노숙자가 있는 것이다. 그래서 가난은 나랏님도 구제하지 못한다는 속담이 있구나! 어쨌든 노숙자의 고단한 삶에 잠시 측은한 생각이 들었다. 어떻게 해야 저들의 고단한 삶이 끝나게 될까? 줄어들게 될까?

유학생 신청 문제로 고바야시 교수를 만나고 싶었으나 고바야시 교수에게 사정이 있어 만날 수가 없었다. 가네코 교수가 그 공백을 메워줬으면 좋겠는데, 가네코 교수도 바쁜 것 같다. 바쁘다 보니 두 사람 사이에 의사소통도 원활한 것 같지도 않다. 이래저래 중간에 선 황 군이 힘들게 되었다. 어쨌든 사정이 그렇다 보니 기다리는 것 외에 달리 뾰족한 수가 없었다.

국제항인 가고시마 항구의 바다

　오후에 외국인 등록증을 찾으러 시야쿠쇼(市役所)에 갔다. 시야쿠쇼(시청)에 가는 길에 텐몬칸(天文館) 일대를 이리저리 둘러보았다. 관광안내표지판이 잘 되어 있어서 도움이 많이 되었다. 텐몬칸 공원에는 시민들을 위한 야구장이 있었는데, 놀랍게도 잔디 구장이었다. 덴몬칸 공원의 울타리를 따라 주륜(駐輪) 금지 팻말이 여러 개가 보인다. 상가지역 부근이라서 불법 주륜이 많은 모양이다. 가고시마에 와서 처음으로 일본 사람들의 흐트러진 모습을 본 것 같다.

주륜금지(駐輪禁止) 지역에 세워진 자전거들

    정돈된 질서도 결국은 생활의 핍박을 벗어나야 가능한 것임을 짐작하게 되었다. 그러나 어쨌든 우선은 질서를 지킬 수 있도록 조건을 갖추어 주는 것이 필요하다. 그런 다음에 질서의 소중함을 가르쳐야 할 것이다. 그런 조건을 갖추게 되려면 어떻게 해야 하는가? 사회의 시스템이 준비되어 원활하게 가동되어야 할 것이다. 사회 시스템이 원활하게 작동하려면 어떻게 해야 하는가? 그 사회 구성원들의 마음에 희망이 보여야 한다. 구성원들이 그들의 삶에 희망을 가지게 되려면 어떻게 해야 하는가? 지도층의 솔선수범이 있어야 할 것이다. 일본의 오늘날의 정돈된 사회는 그렇게 해서 힘을 얻기 시작했는지 모른다는 생각이 든다.

테루쿠니(照國) 진쟈(神社)와 시마즈 나리아키라(島津齊彬)의 자료관도 구경했다. 테루쿠니 진쟈는 시마즈 나리아키라를 테루쿠니다이묘우진(照國大明神)으로 삼고 있다. 나리아키라는 1809년에 태어났는데, 젊어서부터 많은 현인들과 교류하였다고 한다. 글씨도 잘 쓰고 그림도 잘 그렸다고 한다. 8년간 영국에 유학을 다녀오기도 했다. 43세에 사쓰마의 번주가 된 이후에는 지역이나 가문에 관계없이 문무 양면에 걸친 교육의 기회균등에 주력하여 적극적으로 우수한 인재를 육성하고 등용하였다. 사이고 다카모리나 오쿠보 도시미치 등 많은 사람들이 나리아키라로부터 지대한 영향을 받았다. 막부 말기에서 명치유신에 이르기까지 나리아키라와 그를 따르는 무사들이 중심이 되어 사쓰마가 근대 일본의 기초를 닦는 웅번(雄藩)이 되는데 기여했던 것이다. 사이고 다카모리는 시마즈 나리아키라를 '태양과 같은 분'이라고 평가했다고 한다.

나리아키라의 공적을 알리는 안내판

나리아키라는 그의 증조인 시마즈 시게히데(島津重豪)의 영향을 많이 받았다고 한다. 시게히데는 1833년 사망하였으며, 32년간 사쓰마 번주로 있었다. 그는 사쓰마의 언어와 풍속을 개정하고 학문을 장려하였다. 인재 육성과 출판사업에도 주력하였다. 일본 최초의 중국어사전인 『남산속어고』(南山俗語考)를 출판하였고, 조류명 사전인 『조명편람』(鳥名便覽)이나 동식물학 백과사전인 『성형도설』(成形圖說)등을 출판하였다. 시게히데는 서양문화에 해박하였으며, 네덜란드어를 구사할 수 있었다고 한다.

시게히데는 교육진흥의 목적을 이루기 위해 가고시마에 조시칸(造士館)을 개설하여 신분을 불문하고 학문을 가르쳤다. 렌부칸(鍊武館)을 설치하여 무술의 지도 또한 게을리 하지 않았다. 이가쿠인(醫學院)과 야쿠소엔(藥草園)을 설치하였으며, 천문 관측 및 사쓰마 번 독자적인 달력을 제작하기 위해 텐몬칸(天文館)을 건립하였다. 이와 같은 시게히데의 노력으로 사쓰마 번의 근대화와 문화발전의 기초가 구축되었던 것이다.

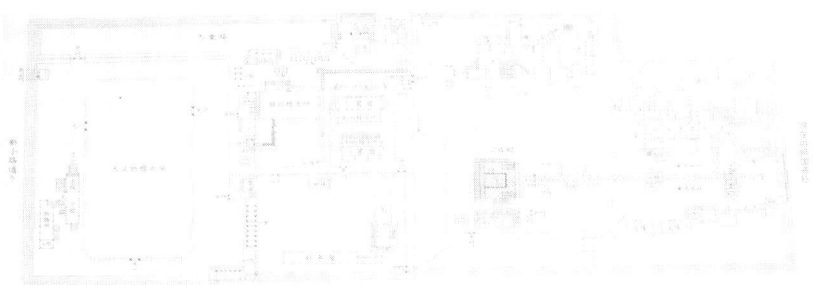

중앙공원에 있는 조사관, 연무관 안내표지판

나리아키라는 매우 진취적인 국제적 시야를 가지고 있었기 때문에 해외 사정과 문물을 받아들이는데 적극적이었다. 역시 증조인 시게히데의 영향을 받은 것이다. 사쓰에이(薩英) 전쟁 이후 영국에 유학생을 파견하였으며, 이소지역의 슈세이칸(集成館) 일대에 이진칸(異人館)을 설치하여 서양에서 온 기술자들의 거처로 삼았다. 슈세이칸의 이진칸은 현재 세계문화유산 등재를 신청한 상태라고 한다. 나리아키라 자신의 영문일기도 남아 있는 것을 보았다.

서양의 문화와 사정에 지대한 관심을 보인 나리아키라는 청국이 영국에게 패하는 것을 보고 일본이 구미제국의 식민지로 전락하게 될 것을 우려했다고 한다. 그리하여 일본도 미국이나 영국, 프랑스처럼 강하고 풍요로운 국가로 만들어야 한다고 생각하였다. 1851년 번주에 취임한 즉시 그는 부국강병과 식산흥업에 주력하였다. 가고시마의 이소지역에 1,200여명이 일하게 되는 슈세이칸(集成館)을 건설하였는데, 슈세이칸은 대포 제조를 위한 반사로, 용광로 등 제철사업, 방적공장, 유리공장, 조선소 등 그야말로 근대적인 서양식 공업단지를 이루게 되었다. 이외에도 도자기, 화약, 알콜, 전신, 사진의 실험(나리아키라는 일본인이 일본인을 찍은 최초의 사람이라고 한다), 농기구 개량, 간척사업 등등 사쓰마의 근대화를 위해 다양한 식산흥업에 박차를 가했다.

근대식 군비개혁에도 힘을 기울였다. 서양식 병기와 시스템을 도입하여 육상군의 장비 및 조직을 근대화하였다. 일본 최초의 증기선인 운코마루(雲行丸)를 건조하였으며, 역시 일본 최초의 서양식 군함인 쇼헤이마루(昇平丸)를 건조하였다. 이러한 나리아키라의 군비개혁과 확충은 바로 명치유신 및 일본해군의 토대 구축에 직결되었다.

뿐만 아니라 나리아키라는 일본의 배와 외국의 배를 식별하기 위한 막부의 총선인(總船印)으로 히노마루(日の丸)를 제안하였으며, 1854년에 히노마루가 막부의 총선인으로 채택되었다. 결국 지금의 일본 국기를 만든 사람도 바로 나리아키라였던 것이다.

나리아키라는 학문의 본질은 의리(義理)를 밝히며 마음가짐을 바로잡고, 나를 다스리며 세상을 다스리는 기량을 키우는 것이 가장 중요하다고 보았다. 문장과 독서의 기예에만 몰두해 사회의 윤리나 실용에 도움이 되지 않으면 아무 쓸모가 없다고 말했다고 한다.

비슷한 시기의 조선에서는 도대체 무슨 일이 벌어지고 있었을까? 당파싸움에서 최후의 승리를 거둔 노론의 일당독재가 온 세상을 짓누르고 있었다. 그 일당이 춘추대의(春秋大義)를 내세우며 전가(傳家)의 보도(寶刀)처럼 휘두르는 썩어빠진 도학(道學)의 명분 앞에 국리민복(國利民福)을 위한 실사(實事)나 실용(實用)은 설 자리가 없었다. 이렇게 자사자리(自私自利)의 달콤한 꿈속에 빠져있는 상태에서 어떻게 가마솥처럼 끓어오르는 외세의 힘을 감당할 수 있었겠는가?

참으로 장하다. 한 사람의 지도자가 가지는 공심(公心)의 힘이여! 참으로 무섭다. 한 사람의 사심(私心)에서 비롯된 그릇된 파당(派黨)의 해독이여! 지나간 역사를 되돌아보며 이처럼 절실한 교훈을 다시는 놓쳐서는 안 된다는 생각이 든다. 그러자면, 무엇보다도 진실한 학문과 교육의 길을 벗어나지 않도록 명심하고 명심해야 할 것이다.

시야쿠쇼에서 등록증을 수령한 다음 넓적한 가고시마 시청 앞의 공원을 지나 씁쓸한 마음으로 발길을 돌렸다. 오는 길에 코마츠 다테와키(小松帶刀)의 동상을 보았다. 사이고 다카모리의 동상도 보았다. 중앙공원에서는 조시칸과 렌부칸의 터라는 기록도 보았다. 모두가 그야말로 욱일승천의 기세로 뻗어오르던 근대 초기 사쓰마의 위력을 보여주는 증거들이다.

가고시마 시청 앞 광장(정면 중앙이 시청이다)

근대문학관도 보러 갔으나 마침 휴관일이어서 들어가지 못했다. 가고시마의 역사 자료를 보존, 전시하는 레이메이칸(黎明館)은 시간이 걸릴 것 같아 뒤에 다시 찾아보기로 했다. 돌아오는 길에 텐포잔(天保山) 중학교 옆의 인도 가운데에 보호시설로 둘러싸인 소나무를 보았다. 이것도 내 심사를 더 울적하게 만들었다. 한국에서는 수백 년이 넘은 나무도 공사에 방해가 되면 잘라버리지 않는가? 공사에 방해가 된다고 느티나무를 죽인 한국 사람을 비난하고, 100년도 안돼 보이는 소나무를 살리기 위해 노력하는 이들이 훌륭하다고 하면, 나를 친일파라고 할까? 그것이 궁금하다.

# 내가 생각하는 교육

**2009년 4월 26일 일요일(음력 4월 2일)**

어제 많이 걸어서 그런지 피곤하다. 종일 쉬면서 그 동안 밀린 자료들을 정리하였다. 그러다 보니 이런 저런 생각이 난다. 일상생활을 통해 세상을 바꾸는 방법과 관련해서 교육에 대한 나의 생각들을 정리해 보았다. 다 기억하지는 못하지만, 대강 내가 생각하는 교육은 다음과 같다.

교육은 사람을 바꾸고 세상을 바꾸는 것이다.
그러므로 사람을 바꾸지 못하면 교육이 아니다.
세상을 바꾸지 못하는 것은 교육이 아니다.

어떻게 하는 것이 제대로 바꾸는 것인가?
생활을 바꿔야 한다.

생활이 바뀌려면 어떻게 해야 하는가?
의식이 바뀌어야 한다.

의식을 바꾸려면 어떻게 해야 하는가?
실천해야 한다.
말이 행동에 앞서면 안 된다.
행동이 말을 이끌어야 한다.
언행일치(行言一致)가 돼야 한다.

의식은 인지(認知)를 통해 바뀌는 것이 아니다.
실천과 습관을 통해 바뀌는 것이다.

건강한 시민의식의 정착 여부는 '아는 것' 보다 '하는 것'에 달려 있다는 말이다. 그렇기 때문에 작은 일부터 실천해 나가는 것이 올바른 교육으로 가는 지름길이다.
나는 이러한 교육을 위해 노력하고자 한다.

# 근대일본의 고향 사쓰마

2009년 5월 3일 일요일(음력 4월 9일)

아침 산책은 현청 부근으로 갔다. 현청으로 가는 길에 가고시마 경찰청 앞에서 일본경찰의 아버지로 추앙되는 카와지 토시요시(川路利良)의 동상과 기념비를 보았다. 며칠 전 야마가타야 백화점 앞에서 보았던 일본 화학과 회화의 선구자가 되었다는 두 사람이나 오늘 본 카와지 토시요시도 코우난 중학교에서 본 안내판에 소개된 가고시마의 인물 명단에는 없는 사람이다. 그렇다면, 근대 초기 가고시마에 도대체 얼마나 많은 인물이 쏟아져 나왔다는 것인가. 참으로 놀라운 일이다.

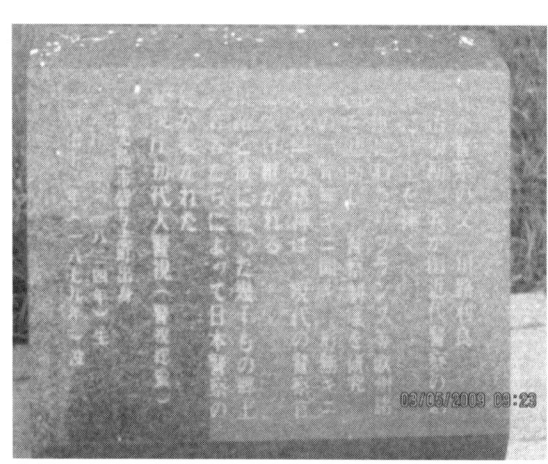
川路利良의 기념비

현청앞 광장을 지나면서 길게 뻗어있는 점자보도가 눈에 들어온다. 그러고 보니 가고시마를 돌아다니는 동안 점자보도가 단절된 구간을 거의 보지

점자보도

못한 것 같다. 장애인 등 사회적 약자를 위한 사회적 배려가 잘 갖추어진 것이다. 한국의 도시에서도 설치된 것을 보기는 했지만, 안 된 곳이 더 많았다. 이런 시설은 단절되는 구간이 있다면, 설치하지 않은 것과 마찬가지다. 자전거 도로도 그렇다. 도시 전체를 통틀어서 연결되지 않는다면, 없는 것과 마찬가지이다. 쓸모없는 자전거 도로, 쓸모없는 장애인 시설을 왜 만들어 놓는가? 전시행정, 탁상행정의 표본인 셈이다. 국민의 혈세로 걷은 예산을 낭비하는 것일 뿐이다. 그런 식으로 설치된 시설들은 장애인은 물론이고 무장애인에게도 불편할 뿐이다. 그렇다면 간헐적으로 설치되는 그런 시설들은 누구를 위하여 설치하는 것일까? 궁금하지 않을 수 없다.

오후에는 황 군과 같이 가고시마 현의 역사자료를 전시하고 있는 레이메이칸(黎明館)을 보았다. 레이메이칸까지 가는 동안 가고시마 시내 여기저기 둘러보면서 갔다. 테루쿠니 신사 부근에서 오리타 카네타카(折田兼至)의 기념비와 사쿠라지마 대폭발기념비를 보았다. 돌의 재질이 좋지 않아 비문을 알아보기가 힘들었다. 비석의 재질은 한국이 최고인 것 같다. 하지만 돌이 문제인가! 돌이 좋아도 그 돌을 쓸 만한 사람이 없으면 뭐 하랴! 하물며 그럴 만한 사람도 없는데, 좋은 돌을 쓴다면 그것은 더 우스운 일일 것이다.

가고시마 시내는 어디를 가든 뛰어난 인물들을 기리는 동상, 기념비, 표석, 안내판 등이 산재해 있다. 하도 많아 다 챙기기도 힘들 정도이다. 나는 이런 것들을 통해 근대초기에 가고시마 지역이 가졌던 사회적 에너지의 실체를 어렴풋이 짐작할 수 있었다. 마침 황 군은 집단지성의 개념을 중심으로 박사논문을 준비하고 싶다고 한다. 황 군의 설명을 듣고 보니 이런 것들을 집단지성의 한 측면에서 접근해 보는 것도 의미가 있다는 생각이 들었다.

사쿠라지마 대폭발기념비를 지나 중앙공원 쪽으로 가다 보니 고색이 감도는 석조건물이 보인다. 건물 양식이 돋보인다거나 크기가 웅장하거나 그런 것은 아니지만, 역시 기념물로 삼아 보존하고 있다. 안내문 내용으로 보아 석조건물이라서 그런 것 같다. 이곳 사람들은 석조건물을 무척 소중하게 여기는 것 같다. 고우츠키 가와에 있었던 5개의 석교를 정성 들여 복원, 보존하는 것도 그런 취지일 것이라는 생각이 든다.

중앙공원 일대에는 시게히데가 세웠다는 이가쿠인(醫學院)과 조시칸(造士館), 렌부칸(鍊武館)의 유지(遺址)라는 표석이 있었다. 중앙공원 인근의 가고시마 문화센터 앞에는 코마츠 다테와키(小松帶刀)의 동상이 있다. 많은 사람들이 동상을 배경으로 사진도 찍기도 하고, 안내판을 읽으며 이야기를 나누기도 한다. 황금연휴를 맞이하여 바람을 쐬러 나온 가고시마 시민들이다.

몇 걸음 옮기면 사이고 다카모리의 동상이 있다. 사이고의 동상 또한 나들이 나온 시민들로 둘러싸여 있었다. 참으로 보기 좋은 풍경이다.

사이고의 동상과 시민들

사이고의 동상을 지나 시로야마(城山) 성곽 안에 있는 레이메이칸으로 갔다. 일본의 근대화를 열었던 가고시마의 자부심을 잘 보여주는 박물관이었다. 일본의 근대를 견인했던 사쓰마의 역사와 전통을 현대의 일본 사람들에게 잊지 않도록 전해주는 연결고리 역할을 하는 박물관이다. 관람객도 주차장에 빈자리가 없을 정도로 많았다. 황금연휴에 놀이동산으로 가지 않고, 역사박물관을 찾는 사람이 저렇게 많다는 것이 정돈된 사회의 저력이라는 생각이 들었다.

레이메이칸에서 돌아오는 길에 고우츠키 천변에서 살신성인(殺身成仁)의 귀감을 보인 노키 시즈코(乃木靜子)라는 부인의 기념비를 보았다. 마쓰가타 마사요시(松方正義)의 기념비도 보았다. 도대체 가고시마에 이처럼 많은 인물들이 배출될 수 있었던 원인은 무엇일까? 참으로 궁금하다. 짧은 기간 동안 이렇게 좁은 지역에서 한 나라를 좌우했던 거물급 인재들이 제제다사(濟齊多士)로 쏟아져 나온 경우는 동서고금을 막론하고 유례가 없을 것 같다.

## 코이노보리와 참된 교육

2009년 5월 7일 목요일(음력 4월 13일)

오후에 일본의 입시사정관 관련자료를 알아보기 위해 학교에 갔다. 황군에게 전화를 하니 수업이 계속 있다고 한다. 하는 수 없이 내일로 미루고 숙소로 돌아오면서 주택가 이곳저곳을 돌아보았다. 코이노보리(鯉幟)를 보았다. 처음에 보았을 때는 이곳이 바닷가이니까 아마도 풍어(豊漁)를 기원하는 민속일 것이라고 생각했었다. 궁금하여 아리무라 상에게 물어보았다. 코이노보리는 남자 어린이의 무병장수를 기원하는 뜻으로 어린이날(5월 5일)에 잉어모양의 깃발을 세워두는 것이라고 한다. 사전을 찾아보니 본래는 단오 때에 걸던 깃발이라고 한다.

여자 어린이를 위해서는 3월 3일에 히나마쓰리(雛祭り) 행사를 치른다고 한다. 히나마쓰리는 딸의 아름다운 성장과 행복을 축원하는 행사이다. 이날 여자 어린이가 있는 집에서는 히나닌교(ひな人形)를 장식하고, 온 가족이 모여 축하한다는 것이다. 복숭아꽃을 장식하기 때문에 모모노셋쿠(桃の節句)라고도 한다.

휘날리는 잉어깃발(코이노보리)

　코이노보리를 세워놓은 집의 담벼락에는 커다란 공고판이 붙어 있었다. 그 내용은 대강 아래와 같은데, 나로 하여금 다시금 참된 교육이 무엇인가에 대해 생각하게 만들었다.

　청소년 제군에게

　노력하는 사람에게는 기적이 일어난다.
　고향을 위해서는 정성을 다하라.
　친구를 위해서는 눈물을 흘려라.
　자신을 위해서는 지혜와 땀을 짜내라.

그런데 이 벽보는 어느 특정 단체나 관공서의 것이 아니었다. 그 집 주인이 자필로 써서 붙인 것이었다. 이 벽보를 보고 숙소로 돌아오면서 무거운 짐이 어깨를 짓누르는 느낌이 들었다. 쉽게 머리에서 지워지질 않는다. 좋은 내용의 글이야 얼마든지 있다. 저 정도의 글이야 어디서든 쉽게 만날 수 있다. 하지만 글의 내용이 문제가 아니다. 그 글을 거기에 그렇게 걸어놓은 사람의 정신세계가 궁금한 것이다. 어떤 삶의 철학을 가진 사람일까? 이 개인적인 벽보와 관련된 다른 사정이 있는지는 모르지만, 한 가지만은 확실하게 말할 수 있다. 적어도 이 벽보를 붙인 사람은 자기 자식만을 생각하고 있는 것은 아니라는 사실이다.

자기 자식만 훌륭하게 가르치고자 하는 것은 어쩌면 진정한 교육 또는 진정한 부모의 길에서 벗어난 것인지도 모른다. 세상을 함께 살아갈 수 있도록 가르치는 것이 옳은 가르침이라고 본다. 제 아무리 아는 것이 많고 능력이 뛰어난 천재나 영재라고 하더라도 독불장군처럼 되면 아무 짝에도 쓸모가 없다. 오히려 세상에 해가 될 가능성이 높다. 내 자식을 우리 학생을 세상 속의 한 사람으로 가르치려는 가정과 학교와 사회의 발상의 전환과 노력이 필요하다. 이러한 가르침과 배움이 있어야 그것이 참된 교육이다. 그 집 주인은 백 권의 책보다 값진 가르침을 실천하고 있으며, 나는 그것을 보았다. 그런데 일본에는 이런 사람들이 적지 않은 것 같다. 이것이 일본이 잘 사는 이유 가운데 하나일 것이다.

숙소로 오는 중에 주택공사장을 보았다. 공사 안내판이 그렇게 자세하고 친절할 수가 없었다. 공사 때문에 불편을 끼치게 된 것을 정말로 미안해하고 있음을 역력히 느낄 수가 있었다. 건성이거나 사탕발림이거나 임시방편과 같은 것은 이들의 세상에는 설 자리가 없는 것 같다.

비교하지 않으려고 해도 어쩔 수가 없다. 결국 비교하는 마음이 있기 때문에 이런 현상이 눈에 자꾸 뜨이는 것이다. 한국의 동네주택 공사판은 그만두고 대형건설업체가 시행하는 공사장에서도 나는 이렇게 성실한 안내판을 본 기억이 나질 않는다. 이런 차이는 왜 생기는 것일까? 좁혀질 수 있는 차이일까? 만약에 차이가 좁혀질 수 있다면 도대체 언제쯤일까?

주택신축 공사장과 안내판

# 모방하고 싶은 토론 방식

2009년 5월 13일 수요일(음력 4월 19일)

고바야시 교수의 사회교육 세미나에 참석하였다. 세미나가 끝난 후 대학원생들의 환영회가 있다고 한다. 별 수 없는 사람을 1달이 지난 뒤에도 잊지 않고 환영해 준다니 고마운 일이다. 대학원생들과 술과 음식을 먹고 마시며 자연스럽게 대화를 나누었다.

대화하는 방식은 사회자가 참석한 사람들을 돌아가며 지명한다. 따로 주제를 정하지 않았으므로 지명된 사람은 자유롭게 자신의 이야기를 하면 된다. 지명된 사람이 발언을 마치면, 들은 사람들이 자발적으로 질문을 한다. 경우에 따라서는 사회자 또는 고바야시 교수가 질문할 사람을 지명하기도 한다. 이런 식으로 한 바퀴 돌아가며 참석한 사람은 누구나 빠짐없이 이야기를 하게 된다. 오늘 같이 참석자가 많지 않은 경우에는 참석한 사람 모두가 최소한 두 번 이상은 어떤 형태로든 자신의 의견을 발표하게 된다. 참석자가 많았을 경우에는 적절히 참작하여 대화 분위기를 조절하면 된다. 그동안 가고시마 대학의 학부생이나 대학원생들이 자신의 의견을 발표하는 자세가 좋아서 궁금했었는데, 바로 이런 방식의 토론으로 훈련되었기 때문임을 알았다. 나도 내 학생들에게 이렇게 해야겠다.

10시쯤 되어 치바(チバ) 교수가 왔다. 무슨 연유로 그러는지 알 수는 없지만, 치바 교수가 대학원생들에게 나를 극찬하는 말을 계속하였다. 킨사이 선생 같은 사람과 함께 이야기하게 된 것이 흔한 일이 아니라면서 대학원생들에게 자꾸 나에게 질문할 것을 권하였다. 덕분에 자리를 파할 시간이 1시간 정도 늦춰지게 되었다.

　환영회 자리는 12시가 다 되어 파했는데, 치바 교수와 고바야시 교수가 카워싱에 가서 한 잔 더 하자고 한다. 카워싱에는 중국 유학생 2명이 동행하였다. 중국 유학생 란 지니(蘭 智妮)와 명함을 주고받았다. 란 지니는 가고시마시 일중우호협회 사무국에서 중국어 강사로도 일하고 있다고 한다. 같은 중국 유학생인 진유가(陳柳佳)와도 명함을 주고받았다. 내 명함은 한국 명함이었기 때문에 일본에서는 킨사이(近齋 : きんさい)를 필명 또는 별명으로 한다고 부기하여 주었다.

　1시쯤에 카워싱을 나왔다. 치바 교수와 고바야시 교수는 대리운전을 불러 돌아갔고, 나는 자전거를 타고 숙소로 돌아왔다. 숙소로 오는 도중 황 군의 방에 불이 켜 있었다. 전할 것도 있고 하여 황 군의 숙소에 들렀다. 마침 지난 학기에 중앙대학교에서 박사학위를 취득한 히고(肥後 : ひご) 상도 같이 있었다. 30여분 정도 차를 마시며 이야기하고 숙소로 돌아왔다.

## 카이칸의 내 학생들

2009년 5월 15일 금요일(음력 4월 21일)

아침 산책은 고우츠키가와로 갔다. 고라이바시 부근에서 우시지마 미쓰루(牛島滿)의 추모비를 보았다. 미군의 진격이 계속되어 일본의 방어선이 속속 무너지고 2차대전의 종전이 임박하였을 때, 옥쇄(玉碎)를 각오하고 오키나와에서 최후의 방어선을 구축했던 일본군 사령관이다. 그는 오키나와 방어선이 무너질 때 자결했다고 한다. 언제나 느끼고 있는 것이지만, 가고시마라는 작은 지역에 일본의 근대를 빛낸 인물들이 참 많기도 하다. 또 그런 인물이나 자연물들을 함부로 하지 않고 지키고 보존하려는 마음이 참으로 기특하다.

숙소에 돌아와서 자전거를 세워두면서 방치된 폐자전거 더미가 눈에 거슬렸다. 이 주류장에서 성한 것은 내 것과 중국인 친구 두 사람의 자전거 뿐이다. 질서정연하고 깨끗한 일본에서 거의 상상하기 어려운 현상이다. 관리인의 말로도 폐자전거가 제일 골치 아프다고 한다. 방치된 폐자전거는 여기만이 아니고 다른 곳에서도 많이 발견된다. 무질서하거나 깨끗하지 않은 상태를 참지 못하는 일본 사람들이 왜 폐자전거 더미를 치우지 않고 방치하는 것인지 알 수 없는 일이다.

숙소 주륜장에 방치된 폐자전거 더미

　오후에는 한국어공부반에 참석하였는데, 김밥 만들기 실습을 하였다. 아리무라 상과 오자키 상 두 사람이 무척 즐거워하였다. 윤중근 군의 김밥 만드는 솜씨가 여간 능숙한 것이 아니었다. 나도 한 줄 말아 보았는데 제대로 되지는 않았다.

　한국어공부반이 끝난 다음 해외송금에 필요한 통장 비밀번호를 확인하기 위해 우체국에 들렀다. 일이 쉽지가 않다. 말은 통하지 않고 답답하기만 하다. 우체국에서 나와 가고시마 대학 본부의 경리과에 들러 4월분 숙소 사용료 56,582엔을 냈다. 숙소 사용료는 55,000엔이고 전화료가 1,582엔이다.

학교에서 일을 마치고 황 군과 함께 숙소로 돌아오면서 근일에 내가 읽었던 일본의 근대를 전후한 역사에 대해 이야기했다. 황 군에게도 일본사를 공부할 것을 권했더니, 이미 그런 생각을 하고 있었다고 한다. 황 군이 내 이야기를 더 듣고 싶다고 하였다. 황 군의 숙소인 고쿠사이교류카이칸(國際交流會館)에 가서 차를 마시며 한참 동안 이야기했다. 일본의 역사에서부터 한국사 그리고 황 군의 논문 주제와 교육의 개념 등 이야기가 풀리는 대로 여러 얘기를 서로 주고받았다.

이야기를 하다 보니 어느덧 저녁때가 되었다. 저녁을 먹은 뒤에는 김태우, 오해성, 윤중근, 정현석, 홍진욱 군 등과 어울리게 되었고, 이들과도 밤이 깊도록 이런 저런 이야기를 했다. 다 기억이 나지는 않지만, 공심(公心)과 사심(私心)에 대해서, 중심을 세우는 삶에 대해서, 자신을 낮추는 리더십 등에 대해서, 그리고 이런 것들을 다 묶는 '세상을 바꾸는 삶'에 대해서 이야기한 것 같다.

오늘 나와 함께 이야기를 나눈 저 친구들이 나를 선생으로 생각하는가 여부에 관계없이 그들을 내 학생으로 생각한다. 오후 다섯 시부터 자정에 이르기까지 내 얘기를 지루해 하지 않고 참아준 오늘의 내 학생들이 정말 대견하고 고맙다. 늦게 숙소로 돌아왔고 몸은 피곤하였지만, 저 친구들이 내 생각을 조금이라도 이해하고 또 받아들이게 될 지도 모른다는 막연한 기대 하나만 가지고도 오늘은 마음이 한결 흐뭇하였다.

## 사쓰마는 근대일본 인재의 보고

2009년 5월 24일 일요일(음력 5월 1일)

오후에 황 군과 함께 이신 후로사토칸을 보러 가는 길에 고우츠키 가와의 천변에서 "막말·유신기의 여러 인물이 태어난 가지야초"라는 안내판을 보았다. 안내판에 소개된 16명의 가지야초 출신 인물들은 다음과 같다.

- 사이고 다카모리(西鄕隆盛, 1827-1877) : 명치정부의 참의(參議), 일본 최초의 육군대장, 폐번치현(廢藩置縣) 및 지조개정(地租改正) 등을 실행하였다.
- 이치지 마사하루(伊地知正治, 1828-1886) : 사쓰마의 군사(軍師) 역할을 했다. 명치유신 이후 좌원(左院), 참의원(參議院) 의장을 역임하였다.
- 오쿠보 도시미치(大久保利通, 1830-1878) : 명치유신 이후 대장경(大藏卿), 내무경(內務卿)이 되었으며, 명치정부의 초석을 세운 사람으로 평가된다.
- 시노하라 쿠니모토(篠原國幹, 1836-1877) : 사학교(私學校) 창설에 참가하여 유년학교 감독을 맡았으며, 서남전쟁의 1번대대장이었다.
- 무라타 신바치(村田新八, 1836-1877) : 사학교 창설에 참가하여 포병학교 감독을 맡았으며, 서남전쟁의 2번대대장이었다.

- 구로타 키요다카(黑田淸隆, 1840-1900) : 북해도 개척의 공로자이다. 체신대신, 총리대신으로 일했다.
- 오오야마 이와무(大山巖, 1842-1916) : 사이고 다카모리의 사촌 동생이다. 육군 원수(元帥)로 일본 육군 창설 및 근대화의 공로자이다. 서남전쟁에 정부군으로 참가하였다.
- 사이고 쓰구미치(西鄕從道, 1843-1902) : 사이고 다카모리의 친 동생이다. 해군대신, 내무대신, 추밀고문관(樞密顧問官)을 지냈다.
- 구로키 타메모토(黑木爲楨, 1844-1923) : 육군 대장, 추밀고문관(樞密顧問官)을 역임하였다. 서남전쟁에 정부군으로 참가하였다.
- 이노우에 요시카(井上良馨, 1845-1929) : 해군 원수(元帥), 초대 해군대학장을 역임하였다.
- 도고 헤이하치로(東鄕平八郎, 1847-1934) : 해군 원수(元帥), 노일전쟁의 연합함대사령관으로 활약하였다.
- 야마모토 곤베에(山本權兵衛, 1852-1933) : 타이쇼(大正) 2년, 12년에 총리대신으로 일했다.
- 타시로 안테이(田代安定, 1857-1927) : 일본 열대식물연구의 제1인자가 되었다.
- 야마모토 에이스케(山本英輔, 1876-1962) : 야마모토 곤베에의 조카(甥姪)이다. 해군대장, 해군대학장, 초대항공본부장, 연합함대사령관 등을 역임하였다.
- 하시구치 고요우(橋口五葉, 1880-1921) : 타이쇼(大正) 때의 유명한 판화가이다.
- 안도 테루(安藤照, 1892-1945) : 조각가, 사이고 다카모리의 동상을 제작하였다. 쇼와(昭和) 2년 제전심사원(帝展審査員)이 되었다.

사쓰마 번의 본성(本城) 아래에 있는 불과 70여 호 남짓한 하급무사의 마을에서 사이고 다카모리를 비롯하여 이처럼 수 많은 인재들이 쏟아져 나온 것은 참으로 대단한 일이다. 더욱 놀라운 것은 이들이 하나 같이 사쓰마 번의 인재로 그치는 것이 아니라, 국중(國中)의 인재로 성장하여 일본의 근대를 여는 견인차 역할을 해냈다는 사실이다. 웬만하면 어느 분야에서건 일본 최초 또는 제일이거나 토대를 만든 사람들로 소개되고 있는 것이다. 그야말로 집집마다 그 당시 전 일본을 좌지우지하였던 인재가 나왔다고 할 수 있으니 놀라운 일이다.

이것만이 아니다. 지난 4월 16일에는 코우난 중학교에서 48명이나 되는 가고시마의 3개 지역(方限) 출신 명사 현창비를 보지 않았던가. 이중 중복되는 여섯 명(이름 뒤에 생몰연대를 표시한 사람)을 제외하더라도, 무려 58명이나 되는 가고시마 출신 일본근대 인물들의 명단을 알게 된 셈이다.

사이고 다카모리(西鄕隆盛, 1827-18770 / 마치다 지로시로(町田次郎四郎) / 노즈 시즈오(野津鎭雄) / 사라 세이조(讚良淸藏) / 사이고 코헤이(西鄕小兵衛) / 이와모토 헤이하치로(岩元平八郎) / 아리무라 유스케(有村雄助) / 코우카 츄자에몬(江夏仲左衛門) / 이지치 코스케(伊地知幸助) / 나가무라 야이치로(永山弥一郎) / 이쥬인 히코키치(伊集院彦吉) / 나라하라 키자에몬(奈良原喜左衛門) /타카시마 토모노스케(高島鞆之助) / 헨미 쥬로타 로태(辺見十郎太) / 니레 카게노리(仁礼景範) / 야마구치 카네노신(山口金之進) / 후치베 타카테루(渕辺高照) / 사이고 키치지로(西鄕吉次郎) / 나카하라 유스케(中原猶介) / 노즈 미치쓰라(野津道貫) / 이쥬인 카네히로(伊集院兼寬) / 오쿠보 토시미치(大久保利通, 1830-1878) / 야마노우치 카즈쓰구(山之內 一次) / 아리무라 지자에몬(有村次左衛門) / 나가사와 카나에(長澤鼎) / 시노하라 쿠니모토(篠原國幹, 1836-1877) / 호우겐 우자에몬(法亢宇左衛門) / 마스미쓰 유키야스(益滿行靖) / 나라하라 시게루(奈良原繁) / 요시이 토모자네(吉井友實) / 야마노우치 사쿠지로(山之內作次郎) / 카와무라 스미요시(川村純義) / 이노우에 요시카(井上良馨, 1845-1929) / 마쓰나가 세이노죠(松永淸之丞) / 사이고 쓰구미치(西鄕從道, 1843-1902) / 후카에 나오노신(深江直之進) / 세키 유스케(關勇助) / 요시다 키요나리(吉田淸成) / 이지치 마사하루(伊地知正治, 1828-1886) / 니시 칸지로(西寬二郎) / 카와노 쥬이치로(河野圭一郎) / 야마자와 세이고(山澤靜吾) / 미시마 미치쓰네(三島通庸) / 헨미 츄타(辺見仲太) / 다나카 쥬타로(田中十太郎) / 타네다 사몬(種子田左門) / 오오야마 쓰나요시(大山綱良) / 아리마 이치로(有馬一郎)

물론 위의 두 명단에 들지 않은 인물들도 많다. 이 명단은 주로 가지야초(加治屋町)와 고라이초(高麗町), 우에노엔초(上之園町), 우에아라타초(上荒田町) 등 4개 지역에 한한 것일 뿐이다. 막부 말기에서 명치유신기에 이르기까지 불과 50여년 안팎의 짧은 기간에 당시 사쓰마(지금의 가고시마)에서 얼마나 많은 일본의 인재들이 배출되었는지 상상하기 어려울 정도이다. 이곳 사람들도 그러한 자부심을 가지고 있으며, 그러한 인재 배출의 원인이나 배경으로 고쥬교육(鄕中敎育)을 거론하는데 이견이 없는 것 같다.

그러나 고쥬교육 또한 오래 전부터 진행되어 왔던 사쓰마 번의 부단한 노력의 결과로 보아야 할 것이다. 사쓰마는 이미 16세기경 시마즈 타다요시가 실천적 사회 진작의 기풍을 마련하였다. '이로하 우타'가 바로 그것이다. 타다요시가 마련한 실천적 기풍이 연면히 이어져 내려와 시마즈 시게히데에 이르렀다. 시게히데는 거기에 국제적인 시야와 감각을 보탰던 것이다. 이처럼 안팎으로 흥기할 토대가 갖추어진 상태에서 시마즈 나리아키라와 같은 걸출한 번주가 등장하게 되었다. 시마즈 나리아키라의 탁월한 리더십을 바탕으로 드디어 사쓰마 사회와 문화가 만개(滿開)하여 근대 이후의 선진 일본을 만드는 중심이 되었던 것이다.

## 사쓰마의 '고쥬교육'과 실천실학의 개념

2009년 5월 24일 일요일(음력 5월 1일)

가고시마의 하급무사 마을 몇 군데에서 사이고 다카모리를 필두로 하여 일본근대 초기의 일류명사들이 무더기로 쏟아져 나왔는데, 그런 성과를 가능하게 된 원인 중의 하나로 지목되는 것이 고쥬교육(鄕中教育)이다. 고쥬(鄕中)란 같은 마을 또는 동일지역을 의미하는 것으로, 고쥬교육은 같은 지역에 사는 무가의 청소년들이 함께 공부하던 사쓰마 번 특유의 자치적인 교육제도라 할 수 있다. 이들은 일상의 예의범절을 익히고 무예를 단련하면서 용기와 근성을 배양하였던 것이다.

〈고쥬교육의 기본정신〉

고쥬교육의 기본정신은 무사도 의리의 실천, 심신의 단련, 거짓말 않기, 지지 않기, 약자를 괴롭히지 않기, 질실강건(質實剛健) 등 여섯 가지라고 한다. 이 여섯 가지 기본정신 중에서 '지지 않기'와 '질실강건'이 다른 어떤 것보다 인상적이었다.

'이겨야 한다'가 아니라 '지지 않기'라 한다. '지지 않는 것'이 어떤 것인지 생각해 보기로 하자. 대개의 경우 우리는 내 자식이 다른 아이들에게 이기기를 바란다. 말할 것도 없이 꼴찌보다는 1등을 하기를 바란다. 심지어는 2등이나 3등을 해도 서운해 한다. 그러나 사실 한 인간이 일생을 살아가면서 이기는 경우보다 지는 경우가 더 많다. 간단히 말해서 1등은 한 자리이기 때문에 한 사람만 빼고는 다 지는 것이라고 할 수도 있다. 그렇기 때문에 남을 이기라고 요구하거나 1등을 바라는 것은 결코 자녀교육에 있어서 합리적인 바람이나 요구는 아닌 셈이다.

이런 이치를 알고 있었기 때문에 사쓰마의 고쥬교육에서는 이기는 것을 요구하기보다 지지 않는 것을 권장하였던 것이다. 검도나 검술에 대해서는 전혀 문외한이지만 사쓰마 무사는 제2의 공격을 기다리지 않고 제1의 공격에 모든 것을 다 건다고 한다. 그야말로 일격필살의 검술이다. 이런 정신을 가지고 무예 훈련을 하였기 때문에 사쓰마 무사가 일본 제일의 무사로 인정받을 수 있었을 것이다. 이와 같은 일격필살의 검도와 이기는 것이 아니고 '지지 않기'라는 기본정신은 얼핏 보아 전혀 배치되는 것 같다. 이와 관련된 전문 자료를 보지 못했기 때문에 이들이 어떻게 이러한 모순을 해결하였는지는 알 수 없다. 추측컨대, 지적 판단이나 불굴의 용기를 말했을 것으로 보인다.

지적 판단은 나아가고 물러날 때를 가늠하기 위해 필요한 것이다. 불굴의 용기는 어차피 다 이길 수 없는 것이 정한 이치라면, 지더라도 비굴하게 굴복하지 않아야 함을 강조했을 것이다. 좀 억지 같은 표현이지만, '지더라도 지지는 말아야 한다'는 의미가 아닐까 한다. 대체로 무사의 덕목으로 용기를 우선하지 않을 수는 없다. 그러나 용기만 가지고 마구 덤빈다면 자칫 만용에 그칠 가능성이 높다. 그것을 보완하기 위해 필요한 것이 지적인 판단력이다. 나는 이 '지지 않기'라는 항목에서 사쓰마 무사가 용맹일변도에 그치지 않고 문과 무를 겸전하고자 하는 균형의식을 가지고 있었음을 짐작해 본다.

일본의 막부 말기에서 명치유신에 이르기까지 변방의 사쓰마 번이 전 일본을 제패한 것은 그들의 해군력이나 무사들이 가진 전투력 때문만은 아니라고 본다. 사쓰마 무사가 전투력 이상의 것을 갖추게 된 것은 이와 같은 고쥬교육의 기본정신을 바탕으로 부단히 연마하였기 때문일 것이다.

또한 이들은 일격필살의 검술, 필승의 검술을 연마하지만 이긴다는 것이 얼마나 어려운 것인가를 잘 알고 있었던 것이다. 그렇기 때문에 '지지 않기'라고 겸손하게 말했던 것이라고 본다. 이러한 정신은 다섯 번째 항목의 '약한 자를 괴롭히지 않기'와 자연스럽게 연결된다. 이기는 사람보다는 지는 사람이 더 많은 상황에서 지는 사람을 경멸하거나 괴롭히지 않는 넓은 마음의 소유자가 되기를 요구했던 것이다. 사쓰마 무사는 최고를 지향하지만 겸손한 자세를 잃지 않으며, 비굴하지 않게 패한 상대방을 포용할 수 있는 넓은 마음 또한 추구했던 것이다.

질실강건(質實剛健)은 글자 그대로 사물의 본질과 실질, 그리고 강건한 심신을 중시한다는 뜻이다. 시마즈 타다요시 이래 참다운 실천을 지향하는 교육의 정신이 고쥬교육에 이르기까지 면면히 이어져 왔던 것이다. 참으로 놀라운 역사의식의 소산이 아닐 수 없다. 바로 이런 점에서 나는 흔히 실학(實學)이라고 부르는 학문적 경향에 대해 보다 엄밀하게 고찰할 필요가 있다고 본다. 현재 내 가설로는 중국이나 한국의 실학은 이론적 경향이 농후하였다면, 사쓰마의 경우는 기존의 실학 개념에 비추어 보면 실학이라고 보기 어려울지도 모른다. 그러나 실천적인 경향만큼은 한국이나 중국의 실학 이상으로 매우 강했을 것으로 짐작하고 있다.

이런 관점에서 실학에 대한 연구도 이론지향적 실학과 실천지향적 실학으로 구분하여 재검토할 필요가 있다고 본다. 그 이유는 간단하다. 방대한 실학 사상과 저술이 있었던 한국과 중국이 보잘 것 없는 변방의 조그만 일개 번에서 일어난 일본의 실학에 결과적으로는 패배한 셈이기 때문이다. 기존의 실학에 대한 개념적 기준으로는 그러한 역사적 현상을 설명할 방도가 없다. 새로운 역사 이해의 개념적 척도가 필요한 것이다. 그 척도로 실학을 이론지향적 실학(이론실학)과 실천지향적 실학(실천실학)으로 구분하여 연구할 것을 제안한다.

〈고쥬교육의 교육과정〉
고쥬교육의 요우스(樣子)는 무예의 연마, 니세의 강의, 가와 아소비(물놀이), 스모 등으로 이뤄지고 있다. 요우스는 형태를 말하는 것인데, 주요 교육과정이라고 보면 될 것 같다.

그 중 첫째 항목인 무예의 연마에 대해 좀 더 소개한다. 이들이 연마한 검술에는 두 가지 유파가 있다. 하나는 도고 츄이(東鄉 重位)를 조사(祖師)로 하는 지겐류(示現流)이다. 도고 지겐류(東鄉 示現流)라고도 한다. 다른 하나는 야쿠마루 켄진(藥丸 兼陳)을 조사(祖師)로 하는 노다치 지겐류(野太刀 自顯流)이다. 야쿠마루 지겐류(藥丸 自顯流)라고도 한다.

도고 지겐류는 주로 상급 무사들이 연마하였고, 야쿠마루 지겐류는 주로

하급 무사들이 연마하였다고 한다. 짐작컨대, 야쿠마루 지겐류가 도고 지겐류보다 실전적이었을 것 같다. 그러나 두 유파가 다 같이 방어를 목적으로 하는 기술은 일체 없었다고 한다. "첫 번째 칼을 의심하지 말라. 두 번째 칼은 패배이다(一の太刀を疑わず. 二の太刀は負け)"라는 경구에서 알 수 있듯이 철저하게 선제 공격을 중시하는 일격필살의 정신을 추구하였다고 한다.

위와 같은 고쥬교육의 주요 교육내용을 가르치고 배우는 과정은 치고(稚兒)와 니세(二才) 그리고 오세(おせ, 長老) 등의 3단계로 나누어진다. 치고는 6,7세부터 10세까지 해당되는 고치고(小稚兒)와 11세부터 14,5세까지에 해당되는 오세치고(長稚兒)로 구분된다. 니세는 14,5세부터 24,5세까지의 청소년으로 구성되며, 오세는 24,5세 이상의 성인들로 구성된다.

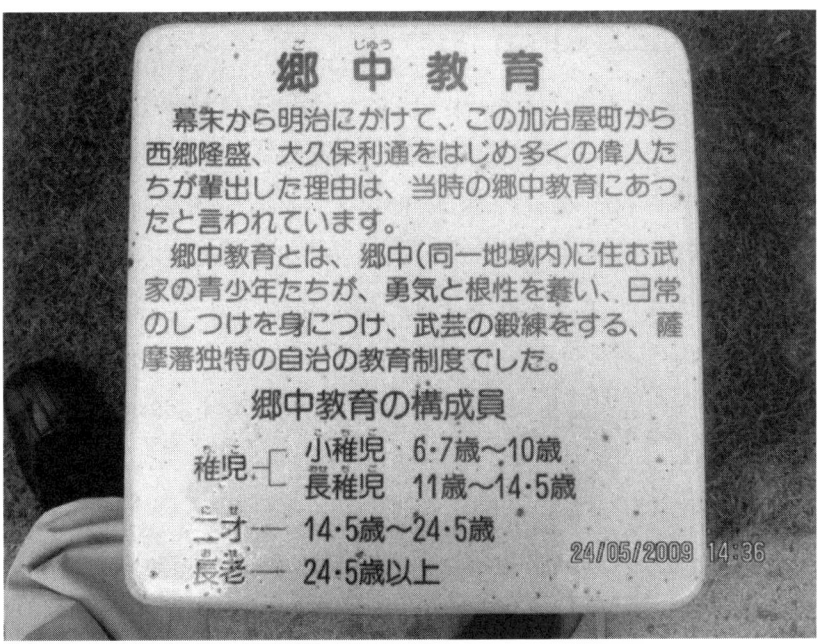

고쥬교육의 구성원

〈고쥬교육의 주요 일과〉

평일 기준으로 보았을 때, 고쥬교육의 일과는 다음과 같이 진행된다.

- 하루 일과는 오전 6시에 시작되어 오후 8시에 끝난다.
- 오전 6시부터 8시까지 고치고와 오세치고는 니세의 집으로 가서 니세로부터 사서오경 등의 강의를 받는다.
- 오전 8시부터 10시까지 고치고와 오세치고는 바바(馬場)나 진쟈(神社)에서 스모 등으로 신체를 단련한다. 비가 오면 다이묘 가루타(だいみょう カルタ)등의 놀이를 하며 논다.
- 오전 10시부터 정오까지 고치고와 오세치고는 아침에 배운 내용을 복습한다. 오세치고가 고치고를 지도한다.
- 정오부터 오후 4시까지 고치고와 오세치고는 산타기, 물놀이, 가께코(달리기) 등을 하며 논다.
- 니세는 오후 4시까지 관직에 있는 자는 번의 일터인 번청에서 일하고 관직이 없는 자는 번의 학교인 조시칸(造士館)에서 공부한다.
- 오후 4시부터 6시까지는 고치고, 오세치고, 니세 모두가 무예를 연습한다.
- 오후 6시 이후에는 고치고의 외출은 금지되며, 오세치고는 때에 따라 니세들로부터 낮 동안의 생활태도 등에 대해 지도를 받는다.
- 오후 8시에 집으로 돌아간다. 니세는 6시 이후에는 야화(夜話, 이야기), 전의(詮議, 무사로써 가져야 할 마음가짐에 대하여 토의), 독서 등을 한다.

가루타는 16세기 포르투갈에서 들어온 서양 트럼프를 모델로 만든 일본의 전통 카드놀이이다. 처음에는 교토의 귀족과 무사 등 주로 상류층에서 즐기던 것이 일반인까지 확산되어 도박으로 변질되었다고 한다. 에도막부

시절에 무사의 전투력과 노동자의 생산력을 떨어뜨린다는 이유로 가루타 놀이를 금지하기도 했으며, 가루타 놀이 대신 개발된 것이 화투라고도 한다.

〈고쥬교육의 특징〉

이 고쥬 교육은 사이고 다카모리나 오쿠보 도시미치 등이 특히 주력한 사쓰마 번 특유의 실천적인 청소년 집단교육이다. 고쥬교육의 가장 큰 특징은 바로 "교사 없는 교육"이다. 따로 가르치는 역할을 하는 교사를 두지 않았으며, 선배가 후배를 지도하였다. 따라서 선배인 니세가 고쥬교육의 핵심이 되었다. 니세는 고치고나 오세치고를 가르치면서 자신도 배우고, 또 배우면서 가르침으로써 자신의 학문적 역량과 리더십을 배양할 수 있었다.

이와 같은 사쓰마 특유의 고쥬교육을 통해 단단하게 형성된 인맥이 명치유신은 물론이고 나아가 일본 근대화의 저변으로 크게 작용할 수 있었던 것이다.

〈이나모리 가즈오가 말하는 고쥬교육〉

언젠가 홍진욱 군으로부터 이나모리 가즈오(稻盛和夫)라는 가고시마 출신의 기업인에 대한 이야기를 들은 적이 있다. 홍 군은 우수학생으로 선발되어 이나모리 가즈오와 함께 하는 프로그램에 참여하였는데, 그의 강연을 듣고 깊은 감명을 받았다는 것이다.

처음 듣는 이름이라서 인터넷에서 검색해 보았다. 이나모리 가즈오는 가고시마 출신인데, '아메바 경영'으로 유명한 교세라의 창업주이며, '경영의

신'이라는 평가를 받고 있다고 한다. 이나모리 가즈오가 자서전에서 사쓰마의 고쥬교육에 대해 언급하였다. 젊은 시절 자신이 경험했던 고쥬교육의 영향이 '경영의 신'으로 추앙되는 지금의 이나모리 가즈오를 가능하게 만든 밑거름이 되었다고 한 것이다.

# 근대일본의 심장 사쓰마

2009년 5월 24일 일요일(음력 5월 1일)

　유신 후루사토관은 여러 가지로 준비된 자료가 많았다. 시설도 좋았고, 특히 관리가 아주 잘 되고 있어서 부러웠다. 치밀하게 준비하고 정성을 다하여 보존, 전시하고 있었다. 공연히 건물만 크고 내실은 없는 허장성세가 아니라 본연의 목적에 충실을 기하고 있는 것이 여실히 느껴진다. 전시되고 있는 어떤 자료보다 이런 시스템이 더 부러웠다. 한국의 박물관이나 기념관 관계자들이 와서 보았으면 하는 마음 간절하다. 물론 구경하라는 것이 아니다. 일 삼아 와서 이들이 어떻게 하는가를 보고 배웠으면 하는 것이다.

　나중에 목적의식을 가지고 와서 본다면 또 모르지만, 지금은 호기심 많은 관광객에 불과한 내가 이곳에 전시되고 있는 것을 다 보거나 기억하기는 쉽지 않다. 꼭 그럴 필요가 있는 것도 아닐 것이다. 이름처럼 이 기념관은 명치유신을 전후한 시기의 자료들을 수집하여 보관, 전시하는 곳이다. 그렇기 때문에 사이고 다카모리(1827-1877)는 물론이고 오쿠보 도시미치(1830-1878)와 키도 다카요시(木戶 孝允, 1833-1877) 등 이른바 유신 삼걸에 관한 자료가 많았다. 하지만, 오늘 나에게 특별히 강렬한 인상을 준 것은 전혀 다른 것이었다. 가장 기억에 남는 것은 일본의 국기(國旗)와 국가(國歌)

두 가지가 다 사쓰마 번에서 시작되었다는 사실을 알려주는 자료였다.

히노마루와 기미가요의 발상지가 사츠마라는 안내판

그 중 하나는 일본 국기에 관한 것이다. 전시된 자료에 따르면 막부 말기부터 명치 초기에 이르기까지 일본에는 국기나 국가가 없었다고 한다. 하지만 다른 번과 달리 외국과의 교류가 빈번하였던 사쓰마로서는 당시 국제적인 관례로 사용되고 있는 국기나 국가에 대한 필요성을 절실하게 느끼고 있었다. 그리하여 시마즈 나리아키라가 일본에서 오래 전부터 사용해 오던 태양신을 상징하는 히노마루(日の丸)를 '일본총선(日本總船)의 선인(船印)'으로 사용할 것을 막부에 건의하게 되었다. 우여곡절이 있었지만 안세이(安政) 원년(元年, 1854)에 히노마루가 막부에 의해 일본을 대표하는 총선인

(總船印)으로 채택되었다. 최초로 히노마루를 게양한 배는 역시 사쓰마에서 건조한 일본 최초의 서양식 군함 쇼헤이마루(昇平丸)라고 한다. 이 히노마루가 그대로 오늘날 일본의 국기로 사용되고 있다는 것이다.

다른 하나는 일본 국가와 관련된 것이다. 현재 일본의 국가(國歌)로 사용되고 있는 '기미가요'(君が代)는 '우리 임금님의 치세(治世)'라는 뜻을 담고 있는데, 이 국가의 근원도 사쓰마에 있다는 것이다. 사쓰마 번에서는 이미 오래 전부터 '코킨슈(古今集)'에 있는 노래를 채록하여 '사무라이 오도리'(サムライ踊り)나 '사쓰마 비와'(薩摩琵琶) 등의 가사로 기미가요를 사용해 왔다. 근대에 들어와 사쓰마에서 일본 최초로 군악대를 조직하였는데, 이 군악대는 영국인 헨돈(フェントン)의 지도를 받았다. 이때 오오야마 이와무(大山巖) 등이 오래 전부터 사쓰마에서 불리어 왔던 이 가사를 제시하였고, 영국인 헨돈이 가사에 맞춰 작곡한 것이 바로 일본 최초의 기미가요가 되었다. 현재 일본의 국가로 사용되고 있는 기미가요는 이와 같이 사쓰마에서 탄생한 기미가요를 명치 13년에 일부 개정한 것이라고 한다.

나는 2007년에도 우리 학과와 가고시마 대학 교육학부가 계속하고 있는 교류의 일환으로 학생들을 인솔하고 이곳에 왔던 적이 있다. 당시 특강을 마치고 가졌던 양 대학간의 교류회 모임에서 가고시마가 '일본의 심장'이라는 말을 했었다. 그때만 하더라도 일본의 국기나 국가가 사쓰마에서 시작된 것이라는 사실을 전혀 몰랐었다. 다만 일본의 근대화에 사쓰마가 핵심이었다는 것만 막연하게 알고 있었을 뿐이며, 그런 사실에 근거하여 근대 이후 오늘의 일본을 가능하게 한 사쓰마를 높이 평가하여 그렇게 말했던 것이다.

사실 국기는 한 조각 천에 그려진 도형에 불과할 뿐이고, 국가는 한 곡의 노래에 불과하다. 그럼에도 불구하고 국기나 국가가 한 나라를 상징하는 신성한 의미를 지니고 있다는 것도 잘 알고 있는 사실이다. 그것은 국기나 국가가 그 나라의 이념의 푯대가 되고 의식의 구심점으로 작용하고 있기 때문이다. 현재 전세계적으로 국기나 국가보다 더 강력하게 그 나라를 상징하는 것으로 받아들여지는 것은 아마 없을 것이다. 그렇다면, 지금의 일본을 상징하는 가장 대표적인 상징 두 가지가 다 이곳 가고시마에서 비롯되었다는 것은 참으로 대단한 일이다. 그것도 우연한 것이 아니고 사쓰마가 그만한 역량을 가지고 있었으며 거기에 걸맞는 역할을 하였기 때문이다. 그러니 사쓰마(가고시마)가 일본의 심장이라고 해도 과언은 아닐 것이다.

사쓰마가 일본의 심장이라는 사실 자체가 대단해서 하는 말이 아니다. 내가 사쓰마를 주목하는 것은 일본근대의 한 변방 고을에 지나지 않는 사쓰마가 어떻게 해서 일본의 심장이 되었는가 하는 점이다. 좀 확대해서 생각해 본다. 사쓰마가 일본을 제패하였다. 그 일본이 한국을 침략하였다. 중국도 침략하였다. 대만도 침략하였다. 동남아시아의 여러 나라도 침략하였다. 미국도 침략하였다. 그야말로 전 세계를 대상으로 침략과 전쟁을 벌였던 것이다. 지나친 비약이라 할지 모르지만, 사쓰마가 전 세계를 대상으로 싸웠다고 볼 수도 있지 않을까? 침략과 전쟁을 미화하려는 것이 아니다. 침략과 전쟁을 수행할 수 있는 힘 자체를 높이 평가하려는 것이 아니다. 어떤 논리와 이유를 갖다 대더라도 상대방이 원하지 않는 침략과 전쟁은 옳지 못한 일이다. 하지만, 내가 참으로 놀라운 것은 사쓰마가 무엇을 어떻게 하였기에 그러한 힘을 가질 수 있게 되었는가 하는 점이다.

이런 생각에 생각을 거듭하다 보니 다른 것이 눈에 들어와도 건성으로 보일 뿐이었다. 기억에 소위 정한의론도(征韓義論圖)라는 것도 보았던 것 같다. 사이고 다카모리 등 강경파와 오쿠보 도시미치 등 온건파가 마주 앉아 격론을 벌이던 모습을 그린 것이라고 한다. 당시 조선의 일방적 외교에 대한 불만을 해소하려던 것이었다고 하지만, 그것은 명목상으로 내건 이유일 뿐이다. 실제로는 힘이 넘치고 주먹이 근질거려 견딜 수 없었던 것이다. 더구나 서구 제국들이 근대 기계문명의 파괴력을 갖추지 못한 약소국들을 마구 점령하여 식민의 젖과 꿀을 향유하는 것을 보지 않았는가? 그것이 한없이 부러웠고 또 넘치는 내부 에너지를 분출할 외부의 대상을 찾고 있었던 당시 일본에게 조선은 그야말로 하나의 먹잇감에 불과했을 것이다. 그것도 물론 조선이 눈을 뜨고 있었으면 어림도 없는 일이지만, 당시 조선은 오랫동안 일당독재의 마약에 취해 깊은 잠에서 깨어날 기미가 없었다. 또 깨어났다 해도 몽롱한 상태를 미처 벗어나지 못한 상태에 있었던 것이다.

소위 정한론에 대해서는 기회가 되면 일반적 시각과 다른 각도에서 생각해 보고 싶다.

# 교육으로 일어난 사쓰마

**2009년 5월 24일 일요일(음력 5월 1일)**

이신 후루사토칸에서 사쓰마 유학생에 대한 영상자료도 보았다. 이 비디오 자료를 보면서 퍼뜩 정신이 늘었다. 사쓰마에서 영국에 최초로 유학생을 파견하는 과정에 대해 소개하는 자료였다. 사쓰마가 영국에 유학생을 파견하게 된 배경에는 이른바 사쓰에이(薩英)전쟁이 있다. 사쓰에이 전쟁은 영국의 군함 몇 척과 사쓰마 번이 싸웠던 전쟁이다. 이 싸움에서 사쓰마 번은 총력을 기울였지만 당연히 영국의 함대에게 패배하고 만다.

이 전쟁을 통해 사쓰마는 근대 기계문명의 위력을 통감하게 되었고, 그 문명의 근원지인 영국에 유학생을 파견하기로 한 것이다. 목숨을 걸고 싸웠던 상대인 영국은 당시 사쓰마의 적국이었다. 그런데 그 적국에 유학생을 파견한다는 것은 참으로 대단한 결정이 아닐 수 없다. 싸움에서 진 것이 창피하고 분해서 문을 꼭꼭 걸어 잠그고 숨는 것이 아니라, 오히려 적극적으로 한 수 배우고 싶으니 가르쳐 달라고 머리를 숙이고 나섰던 것이다.

이것이야말로 고쥬교육의 기본정신 중 '지지 않기'의 전형적인 사례가 아닐 수 없다. 이름은 기억나지 않지만 한 젊은이가 영국에 유학생을 파견할 것을 제안했다고 한다. 이 젊은이는 틀림없이 고쥬교육을 통해 성장한 사람일 것이다. 실로 교육이 얼마나 소중한 것인가를 깨우쳐 주는 사례이며, 고쥬교육이 명실상부한 기능을 다 하고 있었음을 보여주는 사례이기도 하다.

이렇게 해서 13살 소년에서부터 30살이 넘는 청년에 이르기까지 17명의 젊은이들이 영국으로 유학의 길을 떠나게 되었다. 단장과 유학생 대표까지 포함하면 모두 19명이다. 이 19명의 사쓰마 유학생들이 구라파 유학을 마치고 돌아온 다음 각자 자기가 능한 분야에서 일본의 근대화 역군으로 활약했던 것은 말할 것도 없다. 이 19명의 젊은이들이 영국행 배를 탈 때만 해도 해외로 나가는 것은 막부의 국금을 어기는 것이었으며, 발각될 경우 사형을 당하게 마련이었다.

그렇다면 무엇이 이들로 하여금 목숨을 건 해외유학을 결심하게 한 것인가? 짐작컨대, 당시 사쓰마는 번의 발전과 새로운 세상을 지향하는 꿈과 이상이 사회 전반적으로 고무되어 있었던 것이 아닌가 한다. 사쓰마 사회의 이러한 역동성이 가능했던 것은 우선 시마즈 나리아키라와 같은 발군의 번주가 보여준 탁월한 리더십이 있었고, 또 그러한 리더십을 뒷받침할 수 있는 중추집단의 사기가 크게 진작되어 있었기 때문에 가능했던 것이다. 그리고 사쓰마 사회의 중추집단의 사기가 앙양된 것은 바로 활성화된 고쥬교육이 있었기 때문이라고 보여진다.

오랫동안 사쓰마 번을 지배해 온 시마즈가에는 시마즈 타다요시 이래 시마즈 시게히데와 시마즈 나리아키라에 이르기까지 교육과 실천을 중시하는 기풍이 굳게 자리를 잡고 있었다. 막부의 국금을 어기면서까지 영국으로 19명의 유학생을 파견할 수 있었던 것도 물론 시마즈가의 전격적인 지원이 있었기에 가능했던 것이다.

　시마즈가의 번주 스스로가 사심(私心)을 멀리 하고 공심(公心)에 따라 번을 통치하였기 때문에 주민들이 그들을 따르게 되었던 것이다. 특히 시마즈 나리아키라는 사심을 가진 사람들이 많을 경우와 공심을 가진 사람들이 많을 경우의 차이에 대해서 잘 알고 있었을 것이다. 왜냐하면 그 스스로가 공심의 세계를 위해 헌신하고 있었기 때문이다. 사심의 세계에 골몰하는 사람에게는 사물이나 세상의 본질이 보이지 않게 마련이다. 그래서 지도자 집단이 사심을 따르는 사회는 망하고, 공심을 따르는 사회는 흥할 수 밖에 없는 것이다.

　그런데 사쓰마는 좋은 지도자를 만났던 것이다. 공심을 가진 지도자에게 가장 절실한 것은 무엇일까? 인간은 누구나 사심도 있고 공심도 있다. 대개는 노력하지 않으면 공심보다 사심의 유혹에 이끌리게 마련이다. 결국 사람들로 하여금 사심을 이기고 공심으로 돌아가게 하기 위해서는 가르치지 않으면 안 된다. 그렇기 때문에 고금동서를 막론하고 뜻이 있는 지도자는 결코 교육을 함부로 하지 않는 법이다. 나아가 교육을 통해 세상을 바꾸려고 하게 마련이다. 세상을 바꾸는 일에 왕도는 없다. 교육이 유일한 길이라고 생각한다. 왜냐하면, 교육은 인간으로 하여금 사심을 버리고 공심의 세계로 들어가게 하는 일이며, 자기중심적인 세계를 벗어나 보다 넓은 세상을 생각하게 만드는 것이기 때문이다.

　교육이라고 해서 다 교육이 아니다. 가르치고 배우되 명목이 아니라 실질을 배우고 가르쳐야 한다. 이 점에서도 사쓰마는 모범적이다. 역시 시마즈 타다요시 이래 실천지향적인 기풍이 확립되어 있었고, 시마즈 나리아키라에게 이르기까지 그러한 전통이 착실하게 계승되었던 것이다. 교육을 중시하고, 해외로 눈을 돌리고, 실천을 중시하고, 지도자가 사심을 멀리 하는 오랜 세월에 걸친 사쓰마의 노력이 시마즈 나리아키라에 이르러 마침내 획기적인 성과를 쏟아내기 시작했던 것이다.

시마즈 나리아키라가 심혈을 기울여 추진하였던 이소 지역의 슈세이칸(集成館) 사업이 성공하고 사쓰마는 일본 최강의 번이 되었다. 물론 이와 같은 사쓰마 번 성공의 저변에는 고쥬교육을 통해 성장한 중추집단의 존재를 무시할 수 없다. 이러한 사쓰마 번의 경험과 저력을 토대로 하여 동양권에서는 일본만이 유일하게 명치유신을 통해 서구 열강의 침략이 횡행하던 험난한 근대의 문턱을 자신의 의지로 넘을 수 있었다. 사쓰마는 일본의 자랑이다. 일본이 오늘날 세계적인 일류국가의 반열에 오르게 된 것은 하루아침에 이루어진 것은 아니다. 사쓰마가 있었기 때문에 가능했던 것이다.

가고시마 중앙역 광장에는 '사쓰마의 젊은 군상'이라는 조각작품이 세워져 있다. 다름 아니라 처음으로 목숨을 걸고 사쓰마 번의 영광을 위해 영국 유학의 길을 떠났던 19명의 젊은이들을 기념하기 위한 것이다. 동시에 나에게는 이 기념물이 자신을 위해서가 아니라 번을 위해서 목숨을 걸고 미지의 세계에 도전한 젊은이들의 기개와 정신을 무언의 웅변으로 가르치고 있는 것으로 보였다. 그래서 나는 중앙역에 갈 때마다 사쓰마 젊은이들의 도전과 이상을 되새겨 보곤 한다.

끝으로 명치유신의 과정에 대해 소개하는 연극 비슷한 프로그램을 보았다. 이 프로그램을 같이 관람하였던 일본 수학여행단 학생들의 관람 자세가 기억에 남는다. 숙연한 분위기가 여실하게 느껴진다. 이런 모습은 극동평화회관에 갔을 때도 보았었다. 내용에 대한 논의는 일단 접어두더라도, 박물관이나 기념관이라고 해서 보존, 전시만 하면 되는 것이 아니다. 가르치고 배우는 교육의 장으로 활용하면, 박물관도 학교가 되고, 기념관도 학교가 되는 것이다. 세상에 학교 아닌 곳이 없고, 선생 아닌 사람이 없다. 물론 학생 아닌 사람도 없다. 학교나 책을 중심으로 교육의 개념을 이해하고 설명하려는 편협한 교육관을 하루빨리 불식해야 한다.

황 군은 한국 학생들에게 이 후루사토칸을 꼭 보여주고 싶다고 한다. 나도 동감한다. 어쨌든 프로그램이 끝나고 문 닫을 시간이 다 되어서 후루사토칸을 나왔다. 해는 어느덧 서산에 기울고 있었다. 자전거를 끌고 길에 나설 때까지도 내 마음은 무거웠다. 황 군의 한숨 소리도 크게 들린다. 페달을 밟으며 심호흡을 하였다.

## 쇠가 달구어질 때를 기다린다

2009년 5월 27일 수요일(음력 5월 4일)

 황 군이 벌써 몇 번이나 카이칸의 한국 유학생들에게도 내 얘기를 듣게 해 주었으면 좋겠다고 한다. 혼자 듣기에는 너무 아깝다고 한다.

 나는 이곳에 온 뒤로 그저 내가 보고 듣고 느낀 것을 그대로 말했을 뿐이다. 오히려 그런 심상한 내 얘기에서 그런 대로 의미를 찾아내는 황 군의 사고와 안목이 더 놀랍다. 어쨌든 듣기 좋으라고 하는 말만은 아니라고 생각한다. 좋은 일이다.

 물론, 학생들에게 하고 싶은 얘기나 해줄 만한 얘기가 아주 없는 것은 아니다. 그러나 의도적으로 시간을 마련해서 이야기하는 것이나 생각도 없는 사람들에게 공연히 오라거니 가라거니 하는 것도 마땅치가 않다.

 타율적인 학습이 제대로 된 공부가 될 수 없다는 것보다 자명한 이치는 없다. 교육으로 밥을 먹고 사는 사람들이 그것을 깨닫지 못하고 있을 뿐이다. 유학생들은 다 나이가 스물이 넘은 사람들이다. 나이 스물이 넘었으면 이제는 자기의 삶을 살아야 하고 책임을 져야 한다. 스스로 마음이 동할 때까지 기다려야 한다.

 비유하자면, 달구어지지 않은 쇠를 두드리면 연장도 제대로 만들어지지 않거니와 대장장이만 힘든 법이다. 그래서 안타까워하는 황 군의 마음을 모르는 바 아니지만, 그들의 마음이 스스로 움직일 때를 기다리는 것이 좋겠다고 했었다.

 그런데 내일은 카이칸의 유학생들이 내 숙소로 찾아오기로 했다는 것이다. 반가운 일이기에 환영한다고 했다. 기대도 된다.

 드디어 쇠가 달구어진 것이다. 황 군이 풀무질을 많이 한 모양이다. 마당도 쓸고 망치도 준비해 놓아야겠다.

## 안 보이는 것을 볼 수 있도록 노력하라

2009년 5월 28일 목요일(음력 5월 5일)

밤 9시가 넘어서 황 군을 비롯하여 카이칸에 있는 유학생 몇 명이 숙소로 찾아왔다. 각자 준비해 온 술과 음료수, 과자와 과일 등을 먹고 마시며 이야기를 나누었다. 아마 새벽 1시 30분쯤 되어서 자리를 파한 것 같다.

한참 지난 뒤에 정리하려고 보니 기억나는 것이 거의 없다. 게다가 학생들에게 얘기하려고 몇 가지 주제를 적어 두었던 메모지마저 잃어버렸다. 할 수 없이 기억을 더듬어 대강만 기록해 둔다.

제일 먼저 "달구어지지 않은 쇠를 두드리면 안 된다"고 했다. 학생들의 자발적이고 능동적인 삶의 자세를 강조하기 위한 것이다.

다음으로는 "세상 어디에도 대단한 것은 없고, 하지 못할 일은 없다"고 했다. 학생들의 자신감을 북돋아주기 위한 것이다.

셋째로는 "안 보이는 것을 볼 수 있어야 한다"고 했다. 유학생들의 해외에서의 경험을 극대화하는데 도움을 주기 위한 것이다. 얄팍한 경험이 아니라 통찰력을 바탕으로 한 깊이 있는 경험이 필요하다는 말이다.

넷째로는 사회를 이해하는 관점에 대해 이야기했다. 유학생들이 보고 듣고 느끼는 것과 같이 정돈된 일본사회의 배경이 무엇인가에 대해 생각하는데 도움을 주기 위한 것이다. 예를 들어, 내가 일본사회의 성장과 발전을 이해하기 위해 생각하고 있는 두 가지 관점 또는 사고의 틀(제도인가? 의식인가?)에 대해 말해 주었다. 그런 다음 서로 질문하고 대답하면서 자유롭게 토론하였다.

다섯째는 가고시마의 역사와 인물에 대한 것이었다. 학생들은 더 듣고 싶어 했으나 시간이 없어서 다음으로 미루었던 것 같다.

가벼운 마음으로 자유스럽게 서로의 의견을 나누었는데, 나중에는 제법 심각해지기도 했던 것 같다. 시간이 짧다고 느꼈던 것 같다. 학생들이 다음 주에도 또 와서 같이 이야기하고 싶다고 한다. 나로서야 그야말로 '불감청 고소원(不敢請 固所願)'이다. 비록 캠퍼스에서 정규 학기에 만난 것은 아니지만, 나도 여기서 만난 학생들이 마음에 들고 고맙다. 소속 대학도 다르고 전공도 제각각이지만, 나는 이곳에서 만난 이 학생들을 내 학생으로 생각하기로 마음먹었다. 학생들도 그렇게 생각해 주기를 바란다.

# 나는 세계적인 교수다(?)

2009년 8월 6일 목요일(음력 6월 16일)

황정훈 군을 비롯하여 오해성, 정현석, 홍진욱 군이 숙소로 찾아왔다. 매주 목요일에는 유학생들과 함께 하는 시간이 있어서 즐거웠는데, 이제 그런 날도 며칠 남지 않았다. 카이칸에 있는 우리 유학생 거의 대부분이 8월말까지는 귀국해야 하기 때문이다. 남는 사람은 서너 명 밖에 되지 않는다.

오늘은 모레 귀국하는 오해성 군이 특별히 귀국 인사차 들렀다고 한다. 아르바이트에 귀국 준비에 바쁜 중에도 인사를 빠뜨리지 않으니 고마운 일이다. 자주 만난 것도 아니고 짧은 기간 동안 단지 몇 차례 만난 것에 불과하지만, 이 친구들이 나를 선생으로 생각하고 찾아왔으니 어찌 고맙지 않으랴!

논어(論語) 학이편(學而篇) 첫머리에 나오는 '친구가 찾아오는 기쁨(有朋自遠方來不亦樂乎)'이 바로 이런 것을 두고 한 말이 아니고 무엇이겠는가.

언젠가 황 군에게 우스갯소리처럼 말한 적이 있다. 나는 공주대학교 학생만 만나는 교수가 아니다. 언제 어디서나 젊은이들을 만나면 그들이 어느 나라 사람이건 또는 어느 대학 학생인가에 관계없이 한결 같이 내 학생으로 생각한다.

또 그들에게 해줄 만한 이야기도 나름대로 가지고 있다. 그들이 나를 선생으로 생각하고 안 하고는 별개의 문제이다. 그러니 나는 공주대학교의 교수만이 아니라 한국의 교수인 동시에 세계적인 교수(?)가 아니겠는가?

## 젊은 사쓰마의 군상(群像)

2009년 9월 26일 토요일(음력 8월 8일)

가고시마 중앙역 광장에 가면 가장 먼저 눈이 들어오는 것이 "젊은 사쓰마의 군상"이다. 언젠가 이 동상에 대한 혐오의 감정을 여과 없이 드러낸 어떤 대학생의 여행기를 본 적이 있다. 이 동상이 일본의 군국주의를 상징하는 조각이라고 오해하고 있었다. 멀리서 얼핏 보면 그렇게 보일 수도 있기는 하다. 하지만 "젊은 사쓰마의 군상"은 1865년 일본 최초로 해외에 유학을 갔었던 19명의 사쓰마 젊은이들을 기념하기 위해 세운 조각상이다. 군국주의와는 직접적으로 관련된 것이 아니다.

안내문에 따르면 13세 소년에서 34세의 청년에 이르기까지 인솔자 2명을 포함한 19명의 사쓰마 젊은이들이 생면부지의 세계를 향해 모험의 길을 떠난 것이다. 그것도 자신의 출세와 영달을 위해서가 아니라 사쓰마 번을 위해 일본을 위해 목숨을 걸었던 것이다. 당시 막부에서는 쇄국정책을 표방하고 있었기 때문에 이들의 해외유학은 실제로는 국금(國禁)을 어긴 것이고, 만약 발각되면 목숨을 잃을 수도 있는 상황이었다. 물론 일찍이 해외의 사정에 눈을 뜬 사쓰마의 번주가 이들을 지원하고 있었기 때문에 그런 일은 벌어지지 않았지만, 그만큼 이들의 해외유학은 그야말로 비장한 각오에서

젊은 사쓰마의 군상

시작된 것이다.

　놀라운 것은 이들이 유학을 결정하게 된 계기가 사쓰마 번주나 지도층의 지시에 의한 것이 아니라 젊은이들의 자발적인 제안에 의한 것이라고 한다. 당시 사쓰마 번의 사회적 분위기가 얼마나 진취적이고 도전적이었던가를 짐작할 수 있다. 이러한 사쓰마 젊은이의 헌신적인 자세와 진취적 기상은 사쓰마 특유의 고쥬교육이 활성화되었던 분위기에 힘입은 것이라고 생각한다.

1862년의 나마무기(生麥) 사건이 계기가 되어 1863년에 사쓰마 번과 영국 사이에 전쟁이 일어났다. 이른바 사쓰에이(薩英) 전쟁이다. 말 그대로 보면, 사쓰마와 영국간의 전쟁이지만, 실제로는 사쓰마 번과 영국의 군함 몇 척 사이에 있었던 싸움이었던 셈이다. 어쨌든 사쓰에이 전쟁 이후 영국은 얕보았던 사쓰마 번의 군사력에 대한 재평가와 함께 우호적인 관계를 취하는 계기가 되었다.

우리가 주목하지 않을 수 없는 것은 이 싸움 이후 사쓰마 번이 영국에 대해 취한 태도이다. 영국을 적국으로 생각하여 등을 돌리기보다 오히려 영국을 배우기 위해 유학생을 파견하기로 한 것이다. 이는 서양문화와 문물에 대한 사쓰마 번의 적극적이고 진취적인 자세를 잘 보여주는 것이기도 하지만, 무엇보다도 현실을 직시하는 사쓰마의 전략적인 대처가 돋보이는 장면이 아닐 수 없다. 사쓰에이 전쟁을 통해 사쓰마 번은 서양기술의 우수성을 더욱 실감하게 되었으며, 양이(攘夷)에서 개화 쪽으로 입장을 바꾸게 되었던 것이다.

사쓰마 번의 젊은이들이 해외로 유학을 떠나게 된 배경은 이처럼 어려운 상황에서 이루어진 것이다. 그만큼 이들의 각오 또한 심상한 것이 아니었다. 비장한 각오로 해외유학을 떠났던 19명의 사쓰마 젊은이들은 영국을 비롯한 유럽 여러 나라에서 다양한 선진문물을 배웠으며, 귀국한 뒤에는 그들이 처음에 다짐했던 것처럼 각 분야에서 일본의 근대를 열어나간 선구자가 되었다.

가고시마 시내에 있는 "이신후루사토칸"은 명치유신을 전후로 하여 숨가쁘게 고동치던 일본 근대초기의 여러 가지 자료들을 전시하고 있다. 그 중에 사쓰마 유학생들에 관한 것이 빠질 수 없다. 15분 정도 되는 동영상을 보았다. 수학여행 온 일본의 고등학생들과 같이 보았다. 숨소리 하나 없이 물을 끼얹은 듯 숙연하게 동영상을 본 다음 심호흡을 하고 나오는 일본의 고등학생들을 보면서 교육의 무거운 사명을 생각하지 않을 수 없었다.

19세기 후반의 사쓰마에는 시마즈 나리아키라와 같은 걸출한 지도자와 자신보다 큰 세상을 위해 헌신하기를 주저하지 않았던 이런 젊은이들이 있었다. 이것이 사쓰마가 근대일본 최강의 번이 될 수 있었던 까닭이다. 일본은 사쓰마 번 덕분에 아시아에서는 그 어떤 나라보다 먼저 서구 근대문명을 주체적으로 수용할 수 있게 되었다. 만약에 사쓰마가 없었다면, 일본의 주체적 근대화가 어렵거나 훨씬 더 늦어졌을 것이다. 그래서 나는 사쓰마를 근대 일본의 심장이요 태반이라고 보는 것이다.

## 인혜와 채팅을

2009년 12월 7일 월요일(음력 10월 21일)

카페에서 인혜를 만났다. 정확하게 말하면 동시접속한 것이다. 인사차 '근이재 강의실'에 들렀다는 것이다. 임용시험 준비에 바쁠 텐데…

피차 오랜만이라 한참 대화를 나누었다. 정확하게 말하면 채팅을 했다. 대화를 마치면서 오늘의 대화를 정리해서 올리라 하니 졸업생에게도 과제를 낸다며 웃는다. 밝은 성격대로 즐거운 마음으로 숙제를 하겠다고 했었다. 그런데 아직까지 올리지를 않는다. 아마 처음에는 시험 준비로 바빴을 테고, 다음에는 합격한 뒤 모처럼 찾아온 여유를 만끽하느라고 생각이 안 났을 테고, 그 다음에는 교사로 임용되어 정신없이 바빠서 그럴 것이다.

나도 잊고 있었는데, 다른 파일을 찾다가 우연히 이것을 발견하게 되었다. 나 또한 귀국한 이후로는 더욱 시간을 내기가 어려워져서 가고시마 통신이 두절된 지가 꽤 되었다. 이것으로 우선 통신을 재개하는 빌미라도 삼아야겠다.

현장감(?)을 살리기 위해 채팅한 상태로 두었지만, 분량을 줄이기 위해

1/3 정도로 압축하였다.

> 교육04 조인혜♡ 님이 대화방에 들어왔습니다.
> 조인혜♡ : 교수님~^^ 안녕하세요~^^ / 지금 교수님께 메일 쓰고 있었어요~^^;;;
> 근이재 : 오랜만이구나... / 글자 좀 크게 해 줘라 / 아 그런가. 방해가 되었군...
> 조인혜♡ : 아니에요.^^ 메일로 쓰려던 말을 지금 드리면 되니까 괜찮아요^^
> 근이재 : 그렇긴 하지... 집인가? / 요즘은 뭐하고 지내나
> 조인혜♡ : 네~ 집이에요~^^ / 지금은 2차 준비 하고 있어요~
> 근이재 : 작년보다 어땠나...
> 조인혜♡ : 아. 일단 1차는 통과했어요~^^;; / 저랑 나영이요..
> 근이재 : 둘이만...?
> 조인혜♡ : 다른 아이들은 연락하기 좀 뭣해서 직접 들은 것은 아니지만, 아마 저희 둘만 통과한 것 같아요.. / 이번에 티오도 많이 줄고.. ㅠㅠ / 중등 전체가 작년에 4000명 넘게 뽑았는데 올해는 3000명 정도로 줄어들었어요..
> 근이재 : 자신 있지... / 작년에 참은 것도 있고 해서 올해는 잘 될거야...
> 조인혜♡ : 아 작년에요^^;; / 그 말 하기도 부끄러워요. / 별일 아닌 것 가지고 괜히 난리친 것 같아요~^^;; / 예민한 시점이어서요~^^;;
> 근이재 : 난리까지야... / 누가 안다고... / 나에게 상의했을 뿐이고 조용하게 처리했는데... 뭘...
> 조인혜♡ : 그냥 제 감정은 난리가 났었어요^^ / 혼자 열내고^^;;
> 근이재 : 그건 누구라도 그랬을거야... / 오히려 네가 내 말을 듣고 잘 참아주었던 거지...
> 조인혜♡ : 교수님한테 상의드리길 잘한 것 같아요~^^ / 그 아이는 작년에 붙었더라구요^^;; / 올해는 제가 꼭 되었으면 좋겠어요~
> 근이재 님의 말 : ㅎㅎ 그런가... / 다행이지...
> 조인혜♡ : 지금 생각은 그 아이가 붙은 것도 붙을 만 해서 붙은 것 같아요~ / 저는 올해 붙어도 감사할 것 같아요^^ / 작년에는 진짜 인격이 덜 되어 있었던 것 같아요^^;;;;

근이재 : 그래야지... 아마 그럴 거야... / 불가사의한 것을 믿는 것은 아니지만 작년 일도 있고 해서 잘 될 거야... / 또 그런 것 아니더라도 열심히 했을 테고 말이야...

조인혜♡ : 올해라고 딱히 더 나아지지는 않았지만^^;;; / 그것도 그것이지만 떨어진 아이들 너무 힘들 것 같아요 ㅠㅠ

근이재 : 가냘프기만 한 조인혜가 생각이 몽실몽실하구나... 좋다...ㅎㅎㅎ

조인혜♡ : 저도 떨어져 봤잖아요^^

근이재 : 그래... 떨어진 것이 다 나쁜 것만은 아니야... / 인생에는 쓴맛도 있고 단맛도 있지... / 어떻게 보면 쓴맛이 더 많은지도 몰라...

조인혜♡ : 네 저도 그렇게 생각해요 ㅠㅠ / 참참참!!! 일본 생활은 어떠세요?? / 참 일찍 여쭈어 보네요^^;;;

근이재 : 잘 지내지... / 이 카페의 글들을 읽을 새는 없겠지만... 대강 여기에 보고하고 있는 셈이지... / 요즘은 게을러져서 좀 뜸하지만.,...

조인혜♡ : 네~ 여기는 요즘 완전 한겨울이에요 ㅠㅠ

근이재 : 여기는 춥지 않아... 나에게는... / 여기 사람들은 그래도 춥다고 그러네... / 겨울이래... 우리나라 봄날씨 정도의 온도인데... 지금 영상 15-20 정도이거든...

조인혜♡ : 우와.. 그 정도면 개나리도 피겠어요~ / 여기는 지난주 토요일에 눈도 많이 왔는데.. / 아까 잠깐 훑어보니까 2월에 귀국하신다면서요~ / 교수님~ 말씀하시는 끝마다 '...'을 붙이시니까 왠지 쓸쓸해 보여요 ㅠㅠ

근이재 : 아 그건 단정적으로 끝나버리면 너무 정이 없는 것 같고 여유가 없는 것 같아서 부러 그러는 거야... / '그렇다' 이렇게 하는 것 보다 '그렇지...'가 더 좋아 대화에는...

조인혜♡ : 아 그러시군요^^ 저는 그래서 '^^' 이것을 많이 붙여요~^^ / 그렇네요~^^ / 그런데 교수님하고 채팅을 하게 될 줄은 몰랐어요~^^ / 신기해요 ^—^

근이재 : 입장 시간이 맞으면 가능하지... 언제고...ㅎㅎㅎ

조인혜♡ : 그렇군요 ^ㅅ^ / 주인님이요?? 주인님이 누구신가요~?? / 사모님이신가요?? ^ㅅ^//

근이재 : 내 주인이 누구겠어...ㅎㅎㅎ / 남들은 그렇게 부르더군...ㅎㅎ

조인혜♡ : 어머나~ 저도 나중에 주인님이랑 채팅할 수 있을까요?? ㅋㅋㅋ

근이재 : 그럴 수도 있지...

조인혜♡ : 아, 제 주인님이요 ^^ / ㅋㅋㅋ / 방정맞은 웃음^^;;

근이재 : 니가 주인이 아니구?ㅎㅎ

조인혜♡ : 아, 그렇게 되나요?? / 그렇군요.. / 이런 속일 수 없는 노예근성 ㅋㅋㅋ

근이재 : 아무러면 어때... 누구든 누군가의 주인이 되는 거니까...

조인혜♡ : 아, 그런데 아까 교수님이 말씀하셨듯이 인생은 정말 쓴 것이 단 것 보다 많은 것 같아요~ / 얼마 살진 않았지만요^^;; / 그래서 저는 아이를 낳지 않을 생각이 있어요 ^^;;; / 시집도 안갔으면서.. ^^;

근이재 : 그런데 인혜야 더 재미있는 것은 실제로는 단맛이 쓴맛보다 더 많다는 사실이지... / 왜 그런지 알지?

조인혜♡ : 아, 그런가요?? / 아직은 왜인지 모르겠어요 ㅠㅠㅠㅠ

근이재 : 그거 아주 쉬운 거야..

조인혜♡ : 왜인데요~?? ㅠㅠㅠ

근이재 : 인간이 단맛을 선호하나 쓴맛을 선호하나...

조인혜♡ : 단맛을 선호하지요~

근이재 : 거기에 비밀이 있지... 아주 간단하지...

조인혜♡ : 음.. / 지나고 나면 좋은 일만 기억에 남기 때문인가요? / 퀴즈 같애요^^;;

근이재 : 천지조화는 오묘불측하기 짝이 없어서... 쉬우면서도 어렵고 그렇거든... / 반쯤 맞췄구나... / 조인혜가 많이 컸구나...ㅎㅎ

조인혜♡ : 그런가요?? ^^;;; / 나머지 반은 25년쯤 더 살아야 맞출 수 있을까요??

근이재 : 조급한 것은 안 변했네...

조인혜♡ : 사람 성질은 쉽게 변하지 않나 봐요 ㅠㅠㅠㅠㅠ

근이재 : 그걸 바꿀 수 있어야 해... / 그래야 아는 것이 되지... / 지금 아는 것은 말만으로 생각만으로 아는 것이지 실제로는 아는 것이 아니라고 볼 수도 있지... / 그리고... 단맛의 기억만이 남기 때문이라기보다는... / 사람들은 본능적으로 단맛의 기억은 쉽게 잊고... 쓴맛의 기억은 오랫동안

기억하기 마련이거든... / 단맛을 선호하기 때문에 달지 않은 것에 대한 거부감이 불유쾌한 기억을 더 오래 기억하기 때문이야... / 결국 인생은 실제로는 젖과 꿀이 흐르는 낙원이지만 사람들은 늘 고난의 땅이라고 생각하고 살면서 얼굴을 우그러뜨리고 지낸단 말이지...ㅎㅎㅎ / 좀더 현학적으로 말하면 사실과 인식의 차이라고나 할까?

조인혜♡ : 음.. 그렇군요^^ / 그러면 그.. 불유쾌한 기억을 빨리 지우려면 어떻게 해야 할까요?? 어차피 과거의 일은 돌이킬 수 없으니까. / 과거의 불유쾌한 기억도 돌이킬 수 없는 노릇이고..

근이재 : 지우려고 하면 더 깊이 각인이 되는 것 아닌가? 교육심리학 시간에 배웠을 텐데...ㅎ

조인혜♡ : 그러면 그냥 자연스럽게 내버려 둬야 하겠네요~^^

근이재 : 불교에서는 그런 것을 다 그냥 내려놓으라고 하지... / 방하착... / 집착을 놓아라...

조인혜♡ : 내려놓음. / 집착!!

근이재 : [과거는 흘러갔다]라는 오래된 유행가가 있지... / 흘러간 물은 다시 오지 않으니 또 홍수가 날 염려는 하지 말기 바란다.ㅎㅎㅎ / 새로 오는 물을 봐야지...ㅎㅎㅎ / 물론 흘러간 물도 볼 필요가 있을 때는 봐야지... / 그럴 경우는 사회과학에서 말하는 전략적 선택을 이용하면 되지... / 물론 [전략적 선택]은 굉장히 조심하지 않으면 안된다고 생각하지만...

조인혜♡ : 네 그럴게요^^ / 지금 검색해 보니까 윤선녀씨가 부른 노래네요^^ / 윤선녀 아줌마^^;; / 필요할 경우만 흘러간 물 볼게요^^ / 집착도 놓고.

근이재 : 인혜야.. 벌써 도통한 사람처럼 그러면 안 되는데...ㅎㅎㅎ / 선생들 할 일이 없어지면 선생들 밥줄이 위험해진다구...ㅎㅎㅎ / 니가 나보다 훌륭하면 내가 선생 그만두고 너한테 배워야지...ㅎㅎㅎ

조인혜♡ : 아마 밤이라 그럴 거에요 ^^;; / 어머머.. 그럴 일은 전혀 없을거여요~ / 송구스러워요 ㅠㅠ / 몸둘 바를 모르겠사와요 ㅠㅠ

근이재 : 집착을 내려놓는 것이 어디 말처럼 그리 쉬운가.. / 그렇지... 아마 그럴 일은 쉽게 일어나지는 않겠지... / 하지만 모를 일이야... / 2차 준비하려면 마음이 바쁠 텐데...ㅎㅎㅎ

조인혜♡ : 어우.. 하나도 안 바빠서 걱정이에요 ㅠㅠㅠㅠㅠㅠ / 공부가 왜 이렇게

안되는지.. ㅜㅜㅜㅜㅜ / 이럴 때는 집착을 해야 하는데 말이죠 ^^;;

근이재 : 공부라고 생각하니 어려워지는 거야... / 2차는 논술인가 면접인가

조인혜♡ : 그런가요?? / 2차는 논술이에요~^^ / 3년째 잡고 있으니 좀 지겹기도 하고.. / 재미도 없고 그래요 ^^;; / 아는 것도 없으면서.. ㅜㅜㅜ

근이재 : 조인혜라는 존재가 존재하게 된 세상에 대해 세상을 위해 해야 할 일이라거나 그 일을 위해 필요한 일이라고 생각해 봐... / 자면서도 공부가 된다구... / 자면서 뿐인가... 놀면서도 공부가 된다구...

조인혜♡ : 헉.. 그렇군요 ^^^//

근이재 : 선생이 되기 위해 애쓰기보다... / 네가 앞으로 살아갈 네 인생과 네 인생이 담겨진 큰 그릇(세상)을 위해 필요한 일을 한다고 생각하라구...

조인혜♡ : 네~^-^ / 내일부터는 그렇게 생각하고 공부해야겠어요~^^

근이재 : 네가 앞으로 해야 할 일을 책이나 지식을 통해서 보지 말고 마음으로 보아야 한단 말이야... / 지금까지 우리나라의 교육(교육이 아니라고 나는 보지만..)이 이것을 모르고 있기 때문에 오는 현상이라고...

조인혜♡ : 집착 버리는 일보다 더 어려운 일인것 같아요.. / 마음으로 보는 것.. ㅜㅜㅜ

근이재 : 아니야 그거 보다 쉬운 일이야... / 책을 안 보면 돼...

조인혜♡ : 아!! / 자신있어요 ㅋㅋㅋ

근이재 : 그런데 조건이 하나 있어... / 책을 눈으로 보지 말고 마음으로 봐야 한단 말이지... / 이때 마음이 뭔지는 알겠지...

조인혜♡ : 음..

근이재 : 물 마시냐..?

조인혜♡ : 아니요~^^;; / 마음이 뭘지 생각하고 있어요~ / 마음이 뭘까요?? ㅜㅜㅜ

근이재 : 그런데 음... / 이제 어떤가.. / 아직인가? / 이미 네가 마음을 붙잡았어... 붙잡았단 말이야... / 네가 붙잡은 마음을 네가 모른다니 답답쿠나... ㅎㅎㅎ

조인혜♡ : 그런가요??

근이재 : 그럼 바로 지금 직전에...

조인혜♡ : 고민하는게 마음인가요? / 생각???

근이재 : 그렇지... / 인혜가 많이 컸어... 컸다구...

조인혜♡ : 어머나 ^^;; / 그렇게 봐주시니 감사해요^-^
근이재 : 생각을 해야 한단 말이야... 교육학에서 흔히 지껄이는 것으로 바꾸면 사고... / 나는 늘 생각하는 사람, 생각하는 삶이 필요하다고 생각하지...
조인혜♡ : 그렇군요.. / 인간은 갈대니까요..^^; / 생각!!!
근이재 : 책으로 보면 모방이요 의존이요 수동적 세계 밖에는 남지 않아... / 마음으로 생각으로 보아야 창조요 독립이요 능동적인 삶이 되는 거지... / 이번 논술, 면접 전에 내가 한 말을 잘 명심해서 준비하거라... / 교육에 대해서, 조인혜에 대해서, 학교에 대해서, 교사, 선생에 대해서, 교과에 대해서... / 생각할 것이 어디 한 두 가지인가...ㅎㅎㅎ
조인혜♡ : 네~!! / 명심해서 생각할게요~!!
근이재 : 그런 것들을 죄다 싣고 있는 우주에 대해서 세상에 대해서...ㅎㅎㅎ
조인혜♡ : 헉!!
근이재 : 숨 막히냐...
조인혜♡ : 우주는.... 신의 영역인 것 같아요^^ / ;;;;
근이재 : 숨이 트이는 거지... / 신의 영역? 네가 신는 신? 그런 거 따로 없어... / 너에게는 네가 신이야...
조인혜♡ : 아, 교수님은 무신론자이셨군요~
근이재 : 나는 절대적인 유신론자야... 오해하지마... / 그러니까 저를 가리켜 자신이라고 하지 않는가?
조인혜♡ : 아, 그게 그런 의미이군요~
근이재 : 너희들이 다니는 교회는 삶의 진실을 왜곡하는 경우가 많아...
조인혜♡ : 그런가요?? ^^
근이재 : 그런 얘기는 하지 말자... / 아 그리고 오늘 강의(?)는 여기까지만 하자
조인혜♡ : 네~ 감사드려요^^ / 오늘 많은 것 배웠어요~
근이재 : 그리고 인혜야 이 강의 노트는 정리할 줄 알지... / 오늘 보내려던 메일 대신 이 강의 노트를 정리해서 나에게 보내 주려무나... / 방법은 알지?
조인혜♡ : 아~^^ / 그럴게요~^^// / 졸업 후에도 과제를 받았네요~^^ / 방법이요?? / 잘 모르겠어요~^^;;;
근이재 : 채팅창의 타자란 바로 위에 대화내용 저장이라는 기능이 보이지... / 그걸 이용하면 저장이 돼 그대로... / 너희들 인터넷 도사들이 뭐가 도사

　　　　　라는지 모르겠군...ㅎㅎㅎ
조인혜♡ : 네~ / ^^;;;;
근이재 : 여기서 대화한 내용을 그대로 정리한 다음 친구들에게 돌려가면서 봐
　　　　도 좋아... / 너희들이 그럴 만한 가치가 있다고 생각할지는 모르지만...
　　　　/ 나는 그럴 만하다고 생각하는데...ㅎㅎㅎ
조인혜♡ : 네~^ㅅ^// / 저도 그럴 만한 가치가 있다고 생각되어요^^ / 졸업 후
　　　　이런 영양가 있는 대화를 누군가와 하기가 쉽지가 않아요~ / 그냥
　　　　농담 따먹기나 하고;;
근이재 : 그거야 매일 진지하기만 해도 맛 없어... / 쓴맛이 되지...ㅎㅎㅎ / 가끔
　　　　은 농담도 하면서 살아야지...ㅎ
조인혜♡ : 네~^^ / 오늘 강의 감사했습니다~^^
근이재 : 애그 열두시가 넘었넹ㅋㅋㅋ
조인혜♡ : 애그 그러네요~^^
근이재 : 그런데 너무 심하면 안돼...
조인혜♡ : 뭐가요~??^^
근이재 : 농담 허락 받았다고 막 농담만 하고 다니는 거...
조인혜♡ : 아~^^　그러려고 노력할게요~^^ / 자제하도록 노력하겠습니다!!
근이재 : 그래 인혜야 그럼 오늘은 이만...
조인혜♡ : 네 교수님~^^
근이재 : 오야스미나사이(왜놈말로 잘 자라는 거지...)
조인혜♡ : 안녕히 주무세요~^^ / 오야스미나사이~^^

교육04 조인혜♡ 님이 대화방에서 나가셨습니다.

# '비교육(非教育)'의 무간지옥(無間地獄)

2009년 12월 15일 화요일(음력 10월 29일)

수능이 끝나고 본격적인 대학입시가 시작되고 있다. 이맘때가 되면 해마다 느끼는 것이지만, 언제쯤 제대로 된 교육이 자리를 잡게 될 것인지 궁금하다. 학업 피로감이 극도로 고조되는 이 '비교육(非教育)'의 무간지옥(無間地獄)을 과연 벗어나게 될 것인지 안타깝기 짝이 없다. 그 원인은 교육의 개념조차 제대로 이해하지 못하고 있기 때문이라는 생각이다.

교육의 개념조차 제대로 이해하지 못하고 있다는 증거는 한두 가지가 아니다. 그중에서 칭찬과 벌에 대한 교육계의 일반적인 경향을 보면, 거의 천편일률적으로 칭찬은 좋은 것이고 벌은 나쁜 것으로 보고 있다. 물론 칭찬이 필요한 것만은 확실하지만, 그것으로 충분한 것도 결코 아니다. 칭찬은 학생들을 잘 가르치기 위해 구사하는 여러 가지 교수방법이나 수단 중의 하나일 뿐이다. 그럼에도 불구하고 칭찬만이 학생들의 성장과 발전을 위해 필수적인 것처럼 생각하는 사람들이 너무 많다. 심지어 '교육'을 전문적으로 연구한다는 교육학자 중에도 이런 주장을 하는 사람이 부지기수로 많다.

칭찬이 있다면 그 대칭되는 자리에는 벌도 있다. 대칭되는 자리에 있다는 것은 칭찬과 벌이 동등한 가치를 가진다는 의미와 같다. 동등한 가치를 가지고 있는 만큼, 두 개념은 상극적(相剋的)이 아닌 대대적(待對的)인 관계로 봐야 한다. 이처럼 칭찬과 벌은 서로 짝이 되어 의존하면서 대립하는 상호보완적 관계에 있는 것이다. '벌 없는 칭찬'이나 '칭찬 없는 벌'은 그 의미가 반감될 수밖에 없다. 산술적으로는 반감되는 것으로 보이지만, 실제적으로는 '벌 없는 칭찬'은 칭찬으로서의 의미를, '칭찬 없는 벌'은 벌로서의 의미 자체를 상실하게 된다.

이처럼 칭찬과 벌이 대대적 관계를 가지고 있기 때문에 그 중 어느 한 쪽만을 우선하는 것으로 보게 되면, 바로 그 순간부터 교육은 본래적인 의미를 상실하게 되어 마침내 '비교육의 무간지옥'으로 떨어지게 마련이다.

그렇다면 칭찬과 벌을 어떻게 하는 것이 좋은가? 적어도 이 문제에 관한 한 우리 교육이 '비교육의 무간지옥'을 벗어나 제 몰골을 갖추게 되려면 어떻게 해야 하는가? 길은 하나 밖에 없다고 생각한다. 칭찬과 회초리를 함께 사용해야 한다. 양자의 사용에 균형과 조화를 기해야 한다.

흔히 칭찬을 강조하는 사람들은 벌이 순진무구한 아동들의 고운 심성을 망가뜨리고 멍들게 하는 것으로 묘사한다. 벌을 사용하는 것을 죄악시하는 경향도 있다. 그러나 역으로 칭찬이 얼마나 많은 아동들을 망가뜨리고 멍들게 하는지에 대해서는 눈도 감고 귀도 막고 입도 닫아버린다. 학생들에게 벌주기를 일삼아 하는 것이 죄악이라면, 그와 마찬가지로 칭찬을 일삼아 하는 것도 죄악이다. '칭찬하는 것'만 칭찬하는 풍토가 하루 빨리 없어져야 한다. '벌 주는 것'도 칭찬하는 풍토가 자리를 잡아야 한다는 말이다.

조금만 생각하면 훤히 보이는 이치이다. 교육을 전문적으로 연구하는 학자라면 이런 이치를 결코 모를 리가 없다. 그런데도 이러한 사실을 외면하고 비교육적 연구를 계속하고 비교육적인 주장을 남발하고 있다. 이러한 이기적인 학문적 풍토가 불식되지 않는 한, 우리 교육은 비교육의 '무간지옥'을 끝끝내 벗어날 수가 없을 것이다.

무간지옥은 어떤 것이고 어디에 있는 것인가? 칭찬이나 벌과 같은 방법적인 것보다 더 본질적인 개념의 문제에서 비롯된 것이기는 하지만, 우리 교육이 서 있는 '지금 여기'가 바로 비교육의 무간지옥임을 여실하게 보여주는 실례가 있다. 신종 인플루엔자 때문에 결석자가 10%가 넘는 상황이라서 각 학교마다 임시휴교에 대해 논의하는 등, 찬반 양론이 비등하고 있을 때의 일이다. 당시 휴교를 반대하는 사람들이 제시하는 이유를 듣고 경악하지 않을 수 없었다. "수능 때문에 휴교할 수 없다"는 것이다. '지금 여기' 우리나라에서 소위 '교육'이라는 이름으로 벌어지고 있는 일이 이렇다. 좀 과격한 비유일지는 모르지만, "수능이 목숨보다 우선"이라는 것이다. 이처럼 말도 안 되는 주장을 아무 거리낌 없이 내세워도 되는 그런 곳이 무간지옥이 아니고 무엇이란 말인가!

제2장
'교육시'로 불구교육을 고쳐보자

# 하자쿠라(葉桜)

2009년 4월 6일 월요일

밤늦게까지 짐을 정리하느라고 새벽 2시도 넘어서 잠자리에 든 것 같은데, 놀랍게도 아침 6시에 아주 가볍게 잠이 깼다. 가고시마의 첫날밤이 지나고 첫날 아침이 시작되는 순간이다. 내 방의 동남향 창이 이미 훤하다. 사쿠라지마 정상으로부터 동이 트고 있었다. 부지런히 사진기를 꺼내어 손톱만큼 얼굴을 보이는 최초의 일출을 찍으려고 했지만 실패했다. 1분만 빨랐어도 더 좋은 장면을 잡을 수 있었을 텐데… 그래도 처음 찍어본 일출사진 치고는 제법 그럴 듯한 사진 한 장을 얻었다.

건물 사이로 보이는 사꾸라지마의 일출

이국의 첫 아침

동트는 아침이 같은 것을 보니
다른 것도 다르지 않을 것이다

　사진을 찍은 다음 산책을 겸해서 우선 숙소 주변부터 돌아보기로 했다. 숙소를 나서면서 불현듯 아내에게 어제 무사히 도착했다는 전화를 하지 못한 것이 생각났다. 경황이 없어 그랬다고 하더라도 미안하기 짝이 없는 일이다. 마음으로는 당장이라도 전화를 걸고 싶었지만, 실제로 그 상황에서 내가 할 수 있는 것은 아무 것도 없었다. 오직 한시 바삐 황정훈 군을 만나는 것이 최선의 방법일 뿐이었다. 히지만 내가 마음이 급하고 상황이 절실하다고 하여 황 군의 사정은 생각하지도 않고 식전 댓바람에 찾아가서 전화기를 내놓으라고 할 수는 없지 않은가?

쓰레기 분리수거 안내 표지판

　아침 산책은 숙소 바로 뒤편에 있는 가고시마 대학 수산학부 울타리를 따라 한 바퀴 돈 것 같다. 메모가 남아있지 않아 확실치는 않다. 아래에 있는 쓰레기 분리수거 안내표지판 사진을 근거로 그리 짐작할 따름이다. 이 표지판은 바로 숙소 앞의 도로변에 세워진 것이다. 시내 곳곳에 이와 같은 안내표지판을 세워 놓았을 뿐만 아니라 분리수거 장소도 곳곳에 마련하여 놓았다. 시민들도 철저하게 정해진 날짜와 장소를 지킨다. 그러니 어디고 깨끗하지 않을 수가 없는 것이다.

가고시마 시내의 거리

　가고시마는 산책로가 따로 없어도 되는 도시라는 생각이 든다. 도시 자체가 그대로 다 산책로라고 봐도 된다. 공원은 깨끗하게 관리되고 있으며, 길가의 가로수도 잘 가꾸어져 있다. 게다가 집집마다 크든 작든 정원을 가지고 있는데, 이것 또한 도시의 조경에 일조를 하고 있는 셈이다. 도심지라고 하기에는 믿기 어려울 정도로 깨끗하고 공기도 맑아 기분이 상쾌하다.

　숙소가 있는 시모아라타에서 긴코왕(錦江灣)의 방파제 쪽으로 가는 길이다. 길 오른쪽 중간 부분에 Daiso(百円Shop)와 니시무타(대형 수퍼마켓) 등이 있기 때문에 수없이 많은 사람들이 왕래하는 길이다. 그런데도 사진에 보이는 것처럼 이루 말할 수 없이 깨끗하다. 가고시마 시내 중심가인 텐몬칸의 거리도 여기보다 훨씬 번화하지만 깨끗한 것은 마찬가지이다.

아침식사는 식빵 2쪽과 사과 한 개 그리고 오렌지 쥬스로 때웠다. 괜찮았다. 식사를 마친 다음 황 군의 전화를 기다렸다. 오전 10시경에 전화를 받은 듯하다. 내 숙소로 오겠다는 것을 만류하고 내가 황 군의 숙소로 갔다. 사정을 얘기하고 황군의 전화를 빌려서 아내에게 전화를 했다. 아내에게 잘 도착했다는 인사와 함께 아직 내 사정이 여의치 못하니 어머니께는 대신 안부 말씀을 전해 달라고 부탁했다. 비로소 마음이 가벼워졌다.

오전에 황 군과 같이 시야쿠쇼(가고시마 시청)에 가서 외국인 등록을 하였다. 등록증은 20일 이후에 찾으러 가면 된다. 국민건강의료보험에도 가입했다. 즉석에서 그야말로 One Stop으로 처리하고 보험증을 발급해 준다. 일본 관공서의 민원실 분위기는 처음 보았는데, 과연 민원실은 이래야 되겠구나 하는 생각이 들었다. 민원인과 직원을 가로막는 차단장치도 없었다. 직원들은 짧은 거리도 종종걸음으로 뛰어다니고 있었다. 사적인 외부전화 같은 것을 걸거나 받는 사람도 보이지 않았다.

시청에서 볼 일을 마친 다음 점심은 라멘(ラ-メン)을 먹어보기로 했다. 한국에 칼국수집이 많은 것처럼 일본에는 곳곳에 라멘집이 많다. 가고시마 시에서 가장 번화한 거리인 텐몬칸(天文館) 근처의 골목에 있는 라멘집을 찾아갔다. 상호는 노리이치(のりー)였다. 황 군의 말로는 자신이 경험한 일본의 라멘집 중에서 그래도 이 식당이 우리 입맛에 가장 가깝다는 것이었다. 먹어보니 과연 그런 것 같았다. 2년 전에 홋카이도에 갔을 때 처음으로 일본 라멘을 먹게 되었는데, 한국의 라면과 같은 것으로 알고 들어갔다가 크게 실망했던 기억이 새롭다.

일본의 라멘은 적어도 나에게는 배가 고프지 않으면 도저히 먹기 어려운 음식이다. 육수도 느끼하고 면발도 익히다 만 것처럼 부드럽지가 않았다. 게다가 돼지고기까지 얹어놓았으니 그 맛이 어떻겠는가? 얼큰하고 시원한 한국의 칼국수에 익숙한 나에게는 라멘을 먹는 것은 차라리 고문이나 마찬가지이다. 그때보다는 덜 했지만, 이번에도 마찬가지였다. 하지만 나에게 그렇다는 것이지, 한국의 칼국수는 좋고 일본의 라멘은 나쁘다고 단정해서 평가하는 것은 아니다. 기본적으로 한국인과 일본인은 생활환경이 다르고 따라서 입맛도 다를 수 밖에 없다. 풍토가 서로 다르고 입맛이 다른 만큼 한국과 일본의 문화도 다른 것이 많다고 보아야 할 것이다.

어쨌든 일본의 라멘은 보기만 해도 느끼해 보인다. 양념으로 주는 고춧가루도 매운 맛이 별로 나지 않지만, 고춧가루를 뿌리면 그래도 좀 낫다. 갈은 마늘이 있어서 듬뿍 넣었더니 좀 낫다. 하지만 마늘냄새가 어찌나 심한지 오후에 들렀던 휴대전화 가게에서는 미안하기 짝이 없었다.

라멘으로 점심을 때운 다음 코우츠키 가와(甲突川)를 따라 숙소로 돌아왔다. 코우츠키 가와는 가고시마 중심가를 관통하는 작은 강으로 수 없이 많은 다리가 놓여 있다. 강 이름이 '갑돌'이라는 것이 특이하였다. 무슨 연유로 그렇게 이름을 지었는지 궁금하다. 다카미바시(高見橋) 다리를 지나는 길에 먼빛으로 오쿠보 도시미치(大久保利通, 1830-1878)의 동상을 보았다. 오쿠보는 사이고 다카모리(西鄕隆盛, 1828-1877), 키도 다카요시(木戶孝允, 1833-1877)와 더불어 소위 메이지 이신(明治維新)의 삼걸(三傑)로 알려진 일본 근대화의 주역 중의 한 사람이다. 특히 오쿠보와 사이고는 사쓰마 출신의 죽마고우로 가고시마를 대표하는 인물이다.

코우츠키 가와의 천변에 조성된 공원에는 벚나무가 우거져 있는데, 하자쿠라(葉櫻)가 아직은 제법 볼만 했다. 하자쿠라는 꽃과 신록이 공존하는 상태의 벚꽃을 말하는 것이라 한다. 은근히 붉은 빛이 돌기 때문에 색다른 느낌을 준다. 나는 색각 이상이 있기 때문에 나만 그런가 생각하고 있었다. 궁금하여 물었더니 황 군도 붉은 빛이 도는 것을 느끼고 있었다고 한다. 하자쿠라를 두고 하이쿠를 생각해 보았다.

순백의 천사
푸른 옷 새로 입고
배시시 홍조

코우츠키가와 좌측 천변의 하자쿠라

숙소로 돌아온 다음 그대로 쉴까 하다 百円Shop에 가보자는 황 군의 제안에 따르기로 했다. 百円Shop에 가는 중 구경만 하기로 하고 휴대폰 가게에 들렀다. 당초에는 휴대폰을 장만할 생각이 없었으나, 고바야시 교수나 황정훈 군이 답답해 할 것 같아 내친 김에 휴대폰을 샀다. 휴대전화번호는 080-3375-3736이다.

百円Shop의 상호는 Daiso였는데, 굉장히 큰 규모였다. 엄청나게 많은 물품들이 진열되어 있었으며, 거의 대부분 품목 1단위당 100円이면 살 수 있었다. 한국 기준으로 보면 1,500원 정도에 무슨 물건이든 살 수 있으니 싸다고 느껴지지 않을 수 없었다. 그러나 실제로는 싸기도 하고 비싸기도 한 것 같았다. 잘 생각해서 사야 할 것 같다. 된장, 고추장, 김치 등을 갈무리할 반찬통을 비롯하여 부엌 살림살이 몇 가지를 샀다. 밀짚모자도 샀다. 올 여름 가고시마 자전거 여행에 긴요할 것이다. 남자용은 없어서 하는 수 없이 리본이 달린 예쁘장한(?) 여자용 밀짚모자를 샀다. 황 군이 여자용을 사는 나를 보고 고개를 갸우뚱했지만 나는 개의치 않기로 했다. 남자가 쓰면 남자용이고 여자가 쓰면 여자용일 뿐이다.

저녁때가 되어서야 숙소로 돌아왔다. 저녁은 일본에 온 기념으로 내가 만들어서 먹어보자고 했다. 황 군이 불안해하면서 도와주려고 했지만 그러지 말라고 했다. 앞으로 거의 1년 가까운 시간을 자취하며 살아야 하니 당연한 일이 아니겠는가? 국은 끓이지 않고 밥만 했다. 양은냄비로 익혔는데 생각보다 잘 되었다. 황 군이 중간에 뚜껑을 열어보지만 않았어도 더 잘 되었을 텐데… 방금 사온 배추를 씻어서 배추쌈을 준비하고, 몇 가지 반찬을 꺼내어 식탁에 차렸다. 건배주는 당연히 시마비징으로 했다.

황 군의 건배사를 기억하지는 못하지만, 아마도 가고시마에서의 건강하고 보람 있는 생활을 하자고 했을 것이다. 다 적지 못한 것도 많은 바쁜 하루였다.

## 치란 아리랑과 극동평화회관

2009년 4월 25일 토요일(음력 4월 1일)

오전 11시경 황 군이 전화를 걸어 오늘은 어디를 갈 생각이냐고 묻는다. 치란(知覽)에 가자고 했다. 무작정 길을 나서려는 나에게 황 군이 조금만 기다려 달란다. 길이나 교통편을 잘 아는 김태우, 윤중근 군과 같이 가자고 한다. 대중교통을 이용해 본 적이 없었기 때문에 그렇게 하기를 잘한 것 같다. 버스는 거의 자동화 수준의 서비스를 제공하고 있는데, 그래서 요금이 비싸게 된 것이 아닌가 생각되었다. 버스 앞쪽 상단의 계기판에 고객의 탑승번호와 요금이 자동으로 계산되어 나타난다. 카드 사용자는 카드를 인식시키면 되고, 현금사용자는 승차할 때 뽑은 번호표에 따라 내릴 때 요금을 지불하면 된다.

버스의 앞 부분

치란까지는 버스로 1시간 정도의 거리인데, 시외버스 요금이 편도만 해도 890엔이나 되었다. 500엔 가량의 점심 값과 돌아올 때의 버스 요금 890엔에다가 특공평화회관 관람료가 500엔이다. 한나절 동안의 치란여행 경비가 1인당 2,800엔 정도가 되는 셈이다. 나도 그렇지만, 유학생들에게는 적은 돈이 아니었다. 버스 요금과 점심 값은 베츠베츠로 하였지만, 미안한 마음이 들어 관람료는 내가 부담하였다.

치란은 2007년에도 들렀던 곳이다. 그 중에서도 특공평화회관은 나 또한 다시 보고 싶기도 하였거니와 젊은 친구들도 보면 도움이 될 것 같아서 가자고 했다. 사실 특공평화회관은 사람에 따라서 느낌이 다르겠지만, 일반적인 관광객의 눈으로 보면 아주 단조로운 곳이다. 경치를 보는 것도 아니고 그렇다고 재미가 있는 곳도 아니다. 김 군과 윤 군은 무슨 생각을 했을까? 혹 교통비가 아깝다고 생각하지는 않을까? 젊은 유학생들에게는 무미건조하게 느껴질 것 같아서 본전 생각이 들지 않느냐고 몇 번을 물었다. 예의상으로 대답한 것인지 모르지만 의미가 있었다고 한다. 다행이다. 그 참혹하고 무서운 풍경이 펼쳐진 곳에서 신세대 대학생들이 나름대로 의미를 찾아냈다니 그것이 더 고마운 일이다.

늦게 오기도 했고 또 김 군과 윤 군이 일찍 돌아가야 하므로 시간이 넉넉하지는 않았다. 2007년에도 시간이 부족하여 끔찍한 분위기만 느끼고 나왔던 기억이 난다. 여행이란 것이 일부러 시간적으로 여유를 만들어 구경을 다니는 것인데도 왜 우리는 늘 시간에 쫓겨 제대로 보지 못했다고 그러는 것일까? 조금 우습다는 생각이 들었다. 한편 특공평화회관과 같은 곳에서 시간이 많으면 도대체 무엇을 더 볼 수 있을까 하는 생각도 들었다.

전시실 입구 오른쪽에 현황판이 있었다. 특공대 전사자는 모두 1,036명이었으며, 출신지역을 보니 일본의 각지에 골고루 퍼져 있었다. 현황판의 맨 아래에 조선인도 11명이나 전사한 것으로 되어 있었다. 전혀 생각도 못했던 것이라서 깜짝 놀라지 않을 수 없었다. 아하! 그래서 진입로 초입에 선 비문에 아리랑(アリラン)이란 구절이 있었구나! 이곳에 기억되고 있는 가련한 원혼들 중에 제 나라도 아니고 남의 나라를 위해 그것도 억지로 끌려와서 목숨을 잃은 기가 막힌 영혼이 있었던 것이다.

조선인 전사자 탁경현을 위한 기념비

처음에 들어갈 때 아리랑이라고 새겨진 비문을 보고 이상하게 여겼는데, 알고 보니 조선인 전사자 탁경현을 위한 기념비라고 한다. 탁경현의 왜명(倭名)은 미쓰야마 후미히로(光山文博)인데, 그의 이야기를 소재로 한 호타루(반딧불이)라는 영화도 있다고 한다. 단카(短歌) 형태로 된 비문의 내용은 대강 "아리랑의 노래소리와 북녘 어머니의 나라를 그리워하며 흩어진 꽃들"이라는 뜻으로 읽어진다.

문득 11명의 저 가련한 영혼들을 위해 내가 할 일이 무엇일까 생각해 보았다. 당장에 할 수 있는 일이라고는 저들의 이름이라도 알아 고혼(孤魂)이나마 위로하는 것 말고 다른 수가 떠오르지 않는다. 벽면에 게시된 사진 속에서 이들의 이름을 찾아 적기 시작했는데, 생각보다 쉽지 않았다. 관람객 틈을 비집으며 살펴보았지만 겨우 5명 밖에 찾지 못했다. 전시실을 나오려는 참에 입구에 마련된 컴퓨터를 통해 명단을 확인할 수 있었다. 컴퓨터에서 확인한 명단을 수첩에 휘갈겨 적었다. 숙소에 와서 확인해 보니 본래 우리 이름과 왜명(倭名)이 뒤섞여 있어서 11명에 해당하는 인적 사항을 제대로 찾을 수 있을지 자신이 없다. 하지만 이 명단 속에는 11명이 다 들어있을 것이다.

金尙弼 : 왜명(倭名)은 結城 尙弼, 계급은 대위, 나이는 25세, 誠第32飛行隊 소속으로 1차 총공격 때인 소화 20년 4월 3일에 전사함.

李允範 : 倭名은 平木 義範, 계급은 소위, 나이는 23세, 第80振武隊 소속으로 4차 총공격 때인 소화 20년 4월 22일에 전사함.

崔定根 : 倭名은 高山 昇, 계급은 소좌, 나이는 24세, 陸士 56期, 飛行第66戰隊 소속으로 1차 총공격 때인 소화 20년 4월 2일에 전사함.

朴東薰 : 倭名은 大河 正明, 계급은 소위, 나이는 17세, 少飛15期, 誠第41飛行隊 소속으로 1차 총공격 전에 있었던 특별공격 때인 소화 20년 3월 29일에 전사함.

河東繁 : 계급은 소위, 少飛14期, 第166振武隊(부대 숫자는 명확하지 않음) 소속으로 3차 총공격 때인 소화 20년 4월 16일에 전사함.

石橋 志郎 : 계급은 대위, 나이는 27세, 特操 1기
木村 正碩 : 계급은 소위, 少飛14期
野山 在旭 : 特幹
廣岡 賢載 : 계급은 소위, 나이는 18세, 少飛14期
金田 光永 : 계급은 소위, 나이는 18세, 少飛14期
林長守 : 계급은 伍長, 少飛12期
岩本 光守 : 계급은 소위, 나이는 20세, 航養12期
河田 淸治 : 계급은 소위, 特操 1기
淸原 鼎實 : 계급은 소위, 나이는 20세, 少飛15期
光山 文博 : 계급은 대위, 나이는 24세, 特操 1기
松井 秀雄 : 계급은 伍長, 나이는 20세, 少飛 13期

그런데 다시 이렇게 정리하고 보니 모두 16명이다. 현황판에 기록된 조선인 전사자 11명과 5명이나 차이가 난다. 우리 이름과 왜명이 뒤섞여서 그렇게 된 것인지, 수첩에 옮겨 적는 과정에서 잘못된 것인지, 거기서 제공하는 기록을 혼동한 것인지 어찌된 영문인지 모르겠다. 그것도 아니면 혹시 원래 기록 자체가 명확한 것이 아닌지 확실치가 않다.

고향도 어머니도
이제는 마지막이니
하 기가 막혀
피를 토하는 곡조로
메인 목을 놓았으리라
아리랑 아리랑 아라리요
아리랑 고개로 넘어간다

내 나라인들
아깝지 않을까
피지도 못한 채
떨어진 꽃봉오리
그 비원을 어찌하리오
아리랑 아리랑 아라리요
아리랑 고개로 넘어간다

산만 설고
물만 설다 뿐인가
인정머리 없는 원수의 나라
낯선 땅에 한갓 돌이 되어
뜬 눈으로 지켜보리라
아리랑 아리랑 아라리요
아리랑 고개로 넘어간다

나는 안타까운 마음으로 '치란의 아리랑'을 불러본다. 어린 나이에 억지로 끌려와 남의 나라 전쟁에 억울하게 목숨을 잃은 젊은이들의 외로운 영혼에 삼가 애도를 표하며 명복을 빈다. 아울러 여기에 기억되고 있는 다른 많은 젊은이들의 가련한 삶에 대해서도 애도하는 마음과 함께 명복을 빈다. 나와 마찬가지로 이 기념관에서도 이들을 애도하고 사죄하는 마음으로 불행한 시대를 만나 불행한 삶을 짧게 마친 불쌍한 젊은이들이 입었던 옷, 사진, 소품들, 편지, 엽서, 유서 등등 조그만 쪽지 하나라도 버리지 않고 보존, 전시하는 것이라고 본다.

이 특공평화회관을 찾는 일본 사람들이 많다. 이들 중에는 눈물을 흘리는 사람도 있다. 아마 그 사람과 가까운 사람의 이름이 이곳에 있는가 보다. 이곳에 가까운 사람이 없는 평범한 일본인 관람객들은 어떤 생각을 하며 보는지 궁금하다. 언젠가 일본어가 능숙해지면 꼭 물어볼 생각이다. 짐작하건대, 일본 사람들은 이곳을 단순히 관광지라고만 생각하지는 않는 것 같다. 아마 그럴 것이다. 나 또한 이곳은 관광지라기보다는 반성과 교훈을 주는 곳이라야 한다고 생각한다.

나는 이곳은 오로지 참회와 반성의 차원에서 존재해야 하는 장소라고 생각하지만, 그것은 내 생각일 뿐이다. 일본 사람들의 경우에는 다른 생각을 가지고 있는 것 같기도 하다. 이 기념관의 이름은 특공평화회관이다. 버스의 차량 행선지에는 특공관음이라는 표현도 쓴다. 특공과 평화라든지 특공과 관음은 전혀 상반된 의미를 담고 있는 말이다. 어떻게 이런 말들을 같이 쓸 수 있단 말인가?

소위 카미카제(神風) 특공대는 비행기를 몰아 미군의 군함에 육탄공격을 하던 일본군 특수부대를 말하는 것이다. 말이 특공이지 산 사람을 생매장하는 것과 다름없다. 아무리 전쟁 중이었다고 하더라도 원시적인 순장(殉葬) 제도가 사라진 오늘날의 인간세상에서는 도저히 있을 수 없는 일이다. 전승(戰勝)과 살육(殺戮)의 광기(狂氣)에 홀린 전쟁광들이 벌인 저주의 굿판이라고나 할까. 애국이라는 미명하에 나이 어린 청소년들을 집단최면 상태에 몰아넣은 다음 그들의 영웅심을 악용한 전무후무하고 잔인무도한 비극의 현장이다.

기우(杞憂)이기를 바라는 마음이지만, 이 기념관의 이름에 특공이란 말을 살린 것이 혹시 군국주의 시대의 영광에 대한 향수에 기인한 것은 아닌지 염려된다. 특공이란 말을 살리려면, 평화나 관음이란 말을 넣지 말아야 한다. 평화나 관음이란 말을 넣었으면 특공이란 말은 빼야 한다. 꽃다운 나이에 목숨을 잃은 가련하고 애처로운 젊은이들의 영혼을 위로하는 것과 그들을 영웅시하는 것과는 다르다. 그들은 영웅이 아니다. 그들을 영웅으로 기념한다면, 그들에게 강요했던 비인도적 만행을 정당화하게 된다. 그런 무서운 일의 재생과 반복에 대한 가능성을 배제하지 않게 된다는 점을 알아야 한다. 그들을 영웅으로 보지 않는다고 해서 그들을 비하(卑下)하는 것은 결코 아니다. 그들도 바로 나의 가족이나 이웃에 사는 앞길이 구만리 같은 젊은이와 조금도 다를 바 없다. 어처구니 없는 희생을 당한 그들이 애처롭고 가련할 따름이다. 국적에 관계없이 그들의 불행하였던 짧은 삶을 애도한다.

무가저택군의 중앙통로

특공평화회관에서 나와 점심을 먹은 다음 김 군과 윤 군을 먼저 보내고, 나와 황 군은 무가저택군(武家邸宅群)을 보기 위해 2.5km 정도를 걸었다. 사쓰마 무사들의 저택 여러 채가 집단을 이루고 있는 곳으로 문화재로 지정하여 보존하고 있는 곳이다. 깨끗하게 잘 정리, 보존되고 있다. 문득, 안동의 하회마을에 갔을 때 느꼈던 실망감이 되살아난다.

이곳의 무사저택은 잘 가꾸어져 있는데, 특히 정원을 매우 정성을 들여 가꾸어 놓았다. 듣기로는 교토의 정원과 이곳의 정원이 필적한다고 하는데, 나는 정원에는 관심이 없기 때문에 잘 모르겠다. 어쨌든 일본 사람들은 정원 가꾸는 것을 무척 좋아한다. 현재도 일본의 주택가 어떤 집을 가더라도 어떤 형태로든 정원을 가지고 있는 것을 볼 수 있다. 일본 사람들은 부가저택을 보면서 정원에 많은 관심을 보이는 것 같다. 나는 무가저택군을 보면서 당시 사쓰마 무사들의 사회적 지위나 역할 및 재력의 정도를 가늠해 보았다. 사쓰마가 일본 근대화의 요람이 될 수 있었던 것은 결코 우연이 아니라는 것을 느꼈다.

무가저택군을 보고 나서 치란성을 보려고 찾았으나 찾지 못했다. 대신 2007년에 하룻밤을 머물렀던 일본의 전통 민가를 발견하였다. 그 민가는 귀갑성(龜甲城, 후리가나는 모른다) 아래에 있었다. 그때는 미처 몰랐었는데, 지금 보니 귀갑성은 산성(山城)이며 토성(土城)이었다. 평지성(平地城)인 쓰루마루(鶴丸) 성이 사쓰마의 내성(內城) 또는 본성(本城)이라면 귀갑성은 외성(外城)에 해당된다. 치란성도 마찬가지일 것이다. 사쓰마는 무사를 성(城)으로 삼는다는 말이 있다. 사쓰마 무사의 번주(藩主)를 향한 흔들리지 않는 충성심을 강조하는 뜻일 것이다. 성을 제 아무리 높고 견고하게 쌓는다고 하더라도 그 성을 지키는 무사들의 충성심이 없다면 아무 소용도 없는 것이다. 사쓰마 무사의 충성심은 어디에서 오는 것인가? 시마즈 시게히데와 시마즈 나리아키라의 신분과 지역을 가리지 않는 교육(인재 육성)과 정치(인재 등용)의 역량에서 기인된 것이 아닌가 생각한다. 무가저택군 또한 번주의 무사우대 정책에서 가능했던 것이 아닌가 한다.

가고시마로 돌아오는 시외버스(18:30, 막차)를 타기 위해 기다리던 중 승강장 길 건너에 특공대를 소재로 한 영화 호타루의 촬영장이 되었던 토미야(富屋) 식당, 여관과 안내표지판이 보인다. 식당의 안내표지판에도 아리랑 얘기가 나온다. 언제 호타루라는 영화를 봐야겠다.

# 사쿠라지마

2009년 5월 20일 수요일(음력 4월 26일)

회전불판 위에서도 천연덕스런 세상
그들이 무섭다 한숨짓는 지옥불

사쿠라지마의 폭발과 화산재 분출

사쿠라지마는 가고시마현에 있는 세계적으로 유명한 활화산이다. 60만 인구의 대도시 지척에 있는 화산으로는 세계에서 유일하다고 한다.

지난 4월에도 큰 폭발이 있었다. 화산재가 비 오듯 쏟아지던 그날, 처음 본 화산폭발에 놀라지 않을 수 없었다. 더 놀라운 것은 엄청난 폭발에도 두려워하지 않는 이곳 사람들의 태도였다. 오히려 재미있는 구경거리로 생각하는 것 같았다.

사쿠라지마가 아무리 폭발한다 해도 결코 자신들의 삶의 터전을 양보할 수 없다는 의지가 강하게 느껴졌다. 사쿠라지마 일대는 1914년의 대폭발로 매몰된 곳이 많지만, 지금도 분화구의 턱밑에 둥지를 짓고 사는 사람들이 많다.

사쿠라지마는 오늘도 어제처럼 연기를 뿜고 있다. 하지만 이곳 사람들 또한 오늘도 어제처럼 들에 나가고 시장에 가고 산보도 한다. 나도 이제는 이곳 사람들과 똑 같이 하고 산다.

삶은 지옥불보다 뜨거운가 보다.

## 깜찍하고 당돌한 참새

2009년 6월 26일 금요일(음력 윤5월 4일)

참새

어이! 내 공 못 봤어?
글쎄! 나 밥 먹고 있잖아

가고시마에 온 뒤로 가능하면 왼손을 많이 쓰기로 작정했다. 테니스도 왼손으로만 치고 있다. 두 달 가까이 되었지만 영 어설프기만 하다. 몇 차례나 그만 둘까 생각했었다. 그런데 오늘은 어제보다 좀 났다. 다시 마음을 여미고 벽면을 향해 힘껏 왼팔을 내둘렀다.

어이쿠! 또 빗맞았다. 이번엔 공이 더 멀리 잔디밭 속으로 날아갔다. 공을 찾으러 달려갔더니 참새 한 마리가 빤히 올려다본다. 갑작스런 인기척에도 놀라기는커녕 도망갈 낌새도 아니다. 두어 걸음 거리 밖에 안 되는 데도 제법 딴청을 피고 있다.

말을 건넸더니 고개만 갸우뚱 참새답지 않게 대답하고는 이내 제 볼일에 열중한다. 그럼 나중에 봐. 머쓱하게 인사하고 집으로 왔다. 나도 아침을 먹고 나서 식전에 만났던 깜찍하고 당돌한 친구를 생각하며 억지 두줄시로 만들어 보았다.

## 두줄시와 하이쿠 그 즐거운 수작

2009년 7월 1일 수요일(음력 윤5월 9일)

　내일 모레면 아내가 이곳에 온다. 아내도 손님인지라 손님 맞을 준비를 했다. 침대 시트, 이불 홑청, 베갯잇도 새 것으로 갈았다. 쓰던 것은 빨아서 벽장(오시이레)에 넣었다.

　어제부터 갈증이 심하다. 까닭을 모르겠다. 전혀 짐작되는 것도 없다. 이상하다. 내일이나 모레까지 기다려 봐야겠다.

　오후 5시경 고바야시 교수의 사회교육 세미나에 참석하였다. 특별한 일은 없었다. 다만 전에 가네코 교수에게 오미야게라고 하면서 합죽선을 준 적이 있는데, 그때 고바야시 교수가 무척 부러워하는 눈치였다. 오늘은 고바야시 교수에게 합죽선을 주기 위해서 참석한 셈이다. 그런 이유를 말하고 쪽지에 적은 하이쿠와 함께 부채를 건네자 무척 좋아한다. 제대로 하자면 보기 좋게 선면(扇面)에 써서 주어야 하겠지만 그러지는 못했다.

　술동이 베고
　매화그늘에 누운
　적선(謫仙) 부러워

아래의 것은 지난 17일에 같이 노래했던 고바야시의 하이쿠에 답한 것이다. 위 아래 두 개의 하이쿠가 다 일본어가 아닌 한국어로 5-7-5 음절의 수를 맞춘 것이므로, 엄밀하게 말하면 일본식 하이쿠는 아니다. 굳이 말한다면, 한국형 하이쿠라고 할 수 있을 것이다.

매실(梅實) 다 익고
금강어(錦江魚) 지쳤다는
새 소식 들려

지난 17일 고바야시가 나에게 보여준 하이쿠는 아래와 같다. 한글 번역은 내가 붙인 것이다. 그날 내가 고바야시에게 답하여 단카로 만든 부분은 여기서는 생략하였다.

梅雨時に
晴れて友あり
論じ飲み

매화비 올 때
마음 맑은 벗 있어
술 익는 대화

세미나가 끝나고 고바야시 교수가 저녁식사를 같이 하자고 한다. 소주라도 마시면서 하이쿠와 단카를 주고받으면 좋겠다고 한다. 한국의 두줄시 얘기도 더 듣고 싶다는 것이다. 숙소에 해놓은 음식이 있어서 곤란하니 다음으로 미루자고 했다. 함께 하이쿠와 단카로 수작하는 것이 재미는 있지만,

오늘 먹지 않으면 애써 만든 음식이 변할 것이다. 미안하지만 어쩔 수 없다. 숙소로 돌아오면서 문득 두줄시 작법으로 좋을 것 같은 아이디어가 떠올랐다. 하이쿠는 한줄시이기 때문에 어렵지만, 두줄시는 시 자체 안에서도 얼마든지 수작이 가능하다는 생각이 들었다. 서로 수작하고 문답하는 형태로 두줄시를 하면 재미있을 것 같다. 이를테면 이런 것이다.

매 미

그대는 무슨 연유로 종일 우는가
허허 일 없으니 자네나 울지 말게나

짧은 시가 가지는 교육적 가치나 활용도가 대단히 높다고 본다. 짧은 시에 속하는 것으로 한국의 시조와 두줄시 그리고 일본의 하이쿠가 있다. 하이쿠는 5-7-5 음절을 세 줄로 표현하는 방식을 기본으로 하지만, 내용적으로는 한줄시라고 해도 무방하다. 시조는 세줄시이다. 두줄시는 한국에서 시작된 지 얼마 안 되는 전형적인 짧은 시의 하나이다. 한줄시인 하이쿠와 세줄시인 시조는 오랜 역사와 전통을 가지고 있으며, 작품도 많다. 두줄시는 그 시작이 일천하여 아직 역사와 전통이라고 하기 어렵다. 그러나 그 가치와 가능성은 무궁무진하기 때문에 두줄시의 앞날은 매우 밝다고 생각한다. 그런 만큼 앞으로 두줄시의 시론, 작법, 감상법을 비롯하여 다양한 사회적 활용과 그 가치 등에 대한 연구가 뒤따라야 할 것이다.

가네코 교수와는 어제 전화로 약속했던 저녁식사 일정을 확정했다. 내일 저녁 7시에 한국음식점 '부산'에서 만나기로 하였다.

## 가고 싶은 가고시마

2009년 7월 30일 목요일(음력 6월 9일)

저녁 7시에 유학을 마치고 귀국하는 학생들의 송별 모임에 참석하였다. 장소는 피소리노(Pisolino)라는 이태리 식당이었다. '다베호타이(食べ放題)' 즉, 뷔페였는데, 1인당 1,800엔이었다. 학생들이 우스갯소리로 '피 쏠릴 때까지 먹어보자'고 한다. 나도 피 쏠릴 때까지 먹었다. 맛은 그저 그랬지만 실컷 먹기는 하였다. 음식을 먹으며 사진도 찍고 주소록도 만든다. 지난 추억을 간직하고 앞으로의 계획도 말한다. 학생들의 지칠 줄 모르는 에너지가 부러웠다.

학생들이 만드는 주소록의 끝부분에 시 흉내를 내어 몇 줄 적어줬다. 그 자리에서 읽어본 학생들이 제목을 '가고 싶은 가고시마'로 했으면 좋겠다고 한다. 나는 제목 같은 것은 생각도 못했는데, 학생들의 도움을 받은 셈이다.

가고 싶은 가고시마

간다고 다
떠나는 것일까

보내지 않으면 떠남은 없어
어디에 있더라도
가고시마에 가고 싶은
추억은 하나

사쿠라지마가
새 아침을 열면
시모아라타 긴 이랑에
눈이 부시도록
그렇게 꿈을 꾸던
우리들의 젊은 날
잊지는 못하리

코리모토 숲길에서
키샤바의 아사히 비루
긴코왕에 부는 바람까지
코우츠키에서 시로야마로
텐몬칸으로 아뮤 프라자로
늦은 저녁
카이칸의 밥내음까지

시를 낭송하는 정은선 양

## 가난뱅이는 쉴 틈이 없다

2009년 8월 18일 화요일(음력 6월 28일)

오후에 황 군과 같이 야마구치 아케미(山口明美) 상의 가게 '코트(COAT)'에 갔다. 아케미 상은 황 군의 소개로 알게 되었는데, 친절할 뿐만 아니라 나이에 비해 상식과 교양이 풍부하여 나에게 많은 도움이 되는 친구이다. 그래서 그녀의 가게에 자주 간다.

이런저런 이야기를 하는 중 아케미 상이 자신의 처지를 말하면서 "빈보히마나시(貧乏暇なし)"라는 일본의 고토와자(諺)를 소개해 주었다. 가난한 사람은 생활에 쫓기기 때문에 시간적인 여유가 없다는 뜻이라고 한다.

참으로 공감되는 재미있는 속담이다. 자신의 넉넉지 못한 생활에 조금은 사기가 저하된 아케미 상을 위로해 주고 싶었다. 얼핏 '가네모치모히마나시(金持ちも暇なし)' 즉, '부자도 겨를이 없는 것은 마찬가지'라는 말을 해주면 되겠다는 생각이 들었다. 즉석에서 "빈보히마나시(貧乏暇なし)"라는 일본 속담에 대구(對句)로 붙여 두줄시를 만들어 보여줬다.

貧乏暇なし
金持ちも暇なし

가난뱅이라서 쉴 겨를도 없어요
부자도 쉴 틈이 없는 것은 매한가지라오

손짓발짓에 필담(筆談)까지 총동원해서 두줄시의 뜻을 설명해 주었다. 가난뱅이가 쉴 새 없이 바쁜 것은 사실이다. 또 그래서 가난뱅이가 자신의 신세를 한탄할 수도 있다. 그러나 부자도 바쁘게 사는 것은 가난뱅이와 마찬가지이다. 그러니 가난하다고 해서 자신의 인생을 서러워하거나 주눅들 필요는 없다.

과연 아케미 상이 '나루호도(なるほど)'를 연발하며 좋아한다.

# 작별은 언제나 아쉽지만

2009년 8월 21일 금요일(음력 7월 2일)

황정훈 군이 귀국하였다. 가고시마 대학에 있었던 1년간의 유학생활을 마치고 귀국한 것이다. 지난 1년 동안의 가고시마 유학생활 동안 얻은 것도 있고 잃은 것도 있으리라. 바라고 또 믿기도 하지만, 잃은 것보다 얻은 것이 더 크고 많았으면 좋겠다. 가지고 갈 것이 많아 며칠 뒤에 다시 와야 한다는 것을 보니 내 생각이 맞는 것 같다.

오자키 상이 공항까지 차로 바래다 주었다. 아리무라 상은 집안에 일이 있어 동행하지 못했다. 그 동안 두 사람 다 황 군에게 한국어를 배우면서 여러 가지로 도움을 받았으니 응당 그렇게 해야 하겠지만, 그렇다 해도 번번이 수고를 아끼지 않으니 참 고마운 일이다.

황 군이 오자키 상에게 다음에 한국에서 만나자는 약속으로 작별 인사를 대신한다. 마음에 드는 인사법이다. 흔히 이렇게 인사하는 것 같기는 한데, 웬일인지 오늘은 그 느낌이 더 애틋하다. 애틋한 느낌을 밋밋한(?) 두줄시로 엮어보았다.

작 별

또 만날 수 있을까
다음을 기약하는 두 사람

## '교육시'로 불구교육을 고쳐보자

2009년 8월 22일 토요일(음력 7월 3일)

곤니치와! 오후에 아케미 상의 가게에 갔다. 일본의 하이쿠에 대한 이야기를 듣고 싶다고 했다. 기다렸다는 듯이 즉석에서 사이고 다카모리의 단카를 외워서 적어준다. 대강 직역하면, "우리 가슴에 타오르는 생각에 비교한다면 연기는 가벼워라 아아 사쿠라지마"(我が胸の / 燃ゆる思いに / 比べれば / 煙はうすし / あぁ櫻島) 정도로 할 수 있다.

이어서 후쿠오카의 다자이후텐만구(大宰府天滿宮)에 있는 스가와라노 미치자네(菅原道眞)의 노래비에 새겨진 단카를 외워준다. 스가와라노 미치자네(菅原道眞, 845~903)는 헤이안(平安) 시대의 학자, 시인, 정치가이다. 죽은 뒤 텐만텐진(天滿天神)으로 추앙되었으며, 현재는 학문의 신으로서 받들어진다고 한다. 역시 직역하면, "동풍 불거든 향기를 보내주오 매화꽃이여 주인이야 없어도 봄을 잊지 말게나"(東風吹けば / 香いおこせよ / 梅の花 / 主なしとて / 春を忘るな) 정도로 이해할 수 있다.

이름은 잊었지만 아케미 상의 친구가 휴대전화에 수천 개의 하이쿠와 단카가 있다고 하며 휴대전화를 꺼내든다. 지금은 이미 두 수의 단카로도 벅

차니 나중에 하자고 미뤘다. 어찌 그리 많은 하이쿠를 알고 있는가 물었다. 어려서부터 집에서 많이 들었을 뿐만 아니라 소학교 때부터 배웠기 때문이라고 한다. 그리고 지금은 하이쿠를 좋아하기 때문이라고 한다. 시험 삼아 한 수만 외워보라고 하였다. 역시 즉석에서 마쓰오 바쇼(松尾 芭蕉)의 하이쿠를 외운다. "여름의 풀숲 싸움터 병사들의 꿈의 뒷자리"(夏草や / 兵もの どもが / 夢のあと) 정도로 대강 이해된다.

항간여염(巷間閭閻)의 유년과 아낙에 이르기까지 시문을 능란하게 농할 수 있다니 참으로 놀라운 일이 아닐 수 없다. 일본을 '시의 나라'라 하는 것이 과연 명불허전(名不虛傳)이 틀림없구나. 일반 서민들까지 쉽게 시문에 접할 수 있게 만드는 하이쿠나 단카의 위력에 새삼 주목하게 된다.

글은 생각을 담는 그릇이다. 따라서 글을 가까이 하면, 생각 없이 아무렇게나 살지 않게 된다. 혼자 속으로 내가 알고 있는 시조를 외워 보았다. 놀랍게도 제목은 더러 기억이 나지만, 전문을 외울 수 있는 것이 거의 없었다. 초등학교부터 대학에 이르기까지 12년간 불구(不具)의 교육에 굳은살이 박인 까닭이다.

나는 명색이 교육학을 전공하는 대학교수이다. 우리 교육의 잘못된 점을 익히 알고, 그것을 고쳐야 한다고 주장하고 또 노력하는 사람이다. 그런데도 이 정도이니, 단편지식 편향으로 세뇌시키는 불구교육의 폐해가 얼마나 무서운 것인가. 어려서부터 무기력한 단순 지식의 암기에 목을 매고 있는, 도저히 교육이라고 볼 수 없는, 우리 교육을 살려야 한다. 그러자면, 연골(軟骨)일 때부터 단편지식의 암기가 아닌 생각하는 습관이 몸에 익숙하도록 해줘야 한다. 학생들에게서 빼앗아 버린 생각하는 습관, 생각하는 힘을 돌려줘야 한다.

   나는 병든 우리 교육을 건강하게 되살릴 수 있는 방안의 하나로 '교육을 위해 봉사하는 시'를 생각하고 있다. 바로 '교육시(poem for education)'라는 새로운 학문 영역을 개척하기 위해 노력하고자 한다. 이것은 기존의 '시를 위해 봉사하는 교육'으로서의 '시교육(education for poem)'에서 보는 것과는 다른 관점에서 시와 교육을 보는 것을 의미한다. 어쨌든 '교육시'로서는 장시보다는 단시가 더 효과적일 것이다. 그렇기 때문에 '교육시'의 기반은 오랜 전통을 이어온 시조에서 찾을 수도 있고, 최근에 개척되고 있는 두줄시에서 찾을 수도 있다. 시조나 두줄시 처럼 호흡이 짧은 시라야 어린 학생들도 거부감 없이 쉽게 접근할 수 있다. 이렇게 해서 서서히 학생들에게 생각하는 힘을 기르고 생활화하도록 해주어야 한다.

   호흡이 짧은 글이라는 점에서 우리의 시조나 두줄시와 일맥상통하는 것이 일본의 하이쿠나 단카이다. 앞으로 '교육시'의 개념정립을 위해서도 하이쿠와 단카에 대한 견문이 도움이 될 것이다.

## 처음으로 태평양을 만나다

2009년 8월 29일 토요일(음력 7월 10일)

황 군의 가족과 함께 미야자키에 갔다. 태평양을 볼 수 있다는 생각이 미안한 마음을 이긴 것이다. 나를 배려해 준 황 군이 고맙다. 그렇게 해서 난생 처음으로 태평양을 볼 수 있었다.

가고시마에서 자동차로 3시간여를 달린 끝에 만난 태평양! 보는 순간 넓다, 시원하다, 후련하다는 느낌이 들었다. 태평양을 보았다는 사실만으로도 형언할 수 없는 기분에 취했다. 거기에 그렇게 서서 언제까지고 바다를 바라보고 싶었다.

바다가 아무리 넓어도 보이는 만큼만 볼 수 있다. 보는 만큼만 볼 수 있다. 그러기에 태평양이 지구상에서 가장 넓고 큰 바다라 해도 내가 보았던 동해, 서해, 남해바다와 조금도 다를 것이 없다. 하지만 오늘은 '태평양'이라는 이유 하나로 더 크고 넓어 보인다. 나도 덩달아 크고 넓어졌다. 나에게 '새로운 바다'를 열어준 태평양이 고맙다. 벅찬 감정의 일단이나마 대신해 줄 두줄시 한 수 없을 수 없다.

미야자키 해변의 태평양

태평양

가슴 먼저 열리는 곳
수평선 너머 또 수평선

# 달 력

2009년 11월 1일 목요일(음력 9월 15일)

지금 나는 학교로부터 국외연구년의 지원을 받아 일본국 가고시마에 와서 지내고 있다. 강의를 비롯하여 잡다한 일상으로부터 벗어나 오랜만에 여유로운 시간을 만끽하고 있다. 그런데 어느덧 시간이 흘러 귀국일이 가까워졌다. 내년 2월에는 귀국해야 하므로 며칠만 지나면 귀국일 날빼기 100일(D-100일)을 계산하기 시작해야 한다.

현재 군 복무중인 아들도 내년 1월이면 전역한다. 국민의 의무를 이행하기 위해 학업을 잠시 중단하고 군에 입대하였지만, 아마 지금쯤은 전역을 손꼽아 기다리며 지루한 시간을 보내고 있을 것이다.

벌써부터 내 시간은 무섭도록 빠른 속도로 줄어들고 있다. 지금쯤 아들의 시간은 거북이걸음보다 더 느리게 가고 있을 것이 틀림없다. 달력이 보여주는 시간과 달력을 보는 사람이 느끼는 시간이 각자의 입장과 처지에 따라 서로 다른 것이다.

애비와 자식의 체감시간이 이처럼 천양지차로 다른 것도 어쩔 수 없는 일이다. 요즘은 달력을 볼 때마다 시간이 느리게 가기를 바라고 있다. 그때마다 시간이 빠르게 가기를 고대하고 있을 군대 간 아들이 생각난다. 미안하지만 어쩌겠는가. 그것이 인지상정(人之常情)인 것을…

그러나 사람들이 아무리 이러쿵저러쿵 해도 시간의 보폭은 언제 어디서나 같다. 애비부터 솔선하여 가는 시간을 안타까워하지 않아야 한다. 자식도 조급하게 굴지 않기를 바라면서…

달 력

시간 갉는 녁잠누에야 내 달력은 제발 그만
뽕맛이란다 우리 아들 군용달력에나 가거라

# 유리화(琉璃花)

2009년 11월 14일 토요일(음력 9월 28일)

기리코(切子)가 숨쉬는
사쓰마는 불의 나라

어둠을 걷어내는
님의 순수
어디쯤엔가 있을
지심(地心)의 불꽃

차가운 육신에
온유한 영혼이 깃들어
그윽한 눈매
신비한 결정으로
피어난 유리화(琉璃花)

행여 깨질까
녹아버릴까 두려워
품지 못하고
그저 바라보고
웃기만 해도 좋다

# 중국 유학생의 두줄시

2009년 11월 26일 목요일(음력 10월 10일)

저녁에 중국 유학생 리만(李曼)을 숙소의 라운지에서 만났다. 쑤젠위(蘇娟玉)의 연구과제에서 실시한 설문조사 작업을 도와주려고 왔다고 한다.

작업을 마친 뒤 다 같이 이런저런 잡담을 하며 웃고 떠들었다. 리만이 내가 하는 일을 궁금해 한다. 다음 카페에 개설된 나의 홈페이지 '근이재 강의실'을 보여주고, 마침 지난 처서(處暑) 때 지었던 엉터리 한시(漢詩)를 보여주었다.

과연 리만은 단정하고 예의바른 학생이었다. 잘 모른다고 하면서도 훌륭하다고 한다. 오늘날 중국의 젊은이들은 간체자(簡體字)만 배웠기 때문에 번체자(繁體字)까지 아는 사람은 많지 않다. 잘 모르니 훌륭하다고 할 수밖에 없을 것이다. 그런 줄 알면서도 듣기에 싫지는 않았다.

리만에게 간단하게 두줄시를 소개했다. 일본에 하이쿠가 있다면, 한국에는 두줄시라는 형식의 짧은 시가 있는데 어렵지 않다. 대략 10개 이상의 글자를 두줄로 늘어놓고 의미가 통하게 하면 된다. 한번 해봐라.

리만이 시를 지을 줄 모른다고 하면서 친구의 글을 소개한다. 친구의 글을 보고 다들 웃었다고 한다. 제목은 없다고 하였으므로 우음(偶吟)으로 해 둔다.

그렇지만 내가 들으니 글이 좋다. 딱 두줄시이다. 훌륭한 두줄시라고 말해 주었다. 이 글을 선택하고 또 기억하는 것으로 보아 리만의 안목도 아주 훌륭하다. 못한다거나 모른다고만 하지 말고 언제든 해보기 바란다. 틀림없이 좋은 글을 쓸 수 있을 것이니 내 말을 믿어보라며 격려해 주었다.

偶吟

風吹走了沙子
石頭還在


무제

바람 불어 모래는 날아가도
바위는 그대로 있구나

## 공월정(共月亭)에서

2010년 1월 7일 목요일(음력 11월 23일)

　텐포잔 공원에 있는 공월정(共月亭)은 가고시마(鹿兒島)시와 중국의 창사(長沙)시가 자매결연을 맺은 기념으로 세운 정자이다. 가고시마와 창사가 서로 멀리 떨어져 있지만 하나의 달을 보고 있는 것은 같다. 두 도시가 하나의 달을 보는 것과 같이 서로 도와주며 사이좋게 지내자는 의미로 공월정이라 이름 지은 것이다. 마침 우리 숙소에도 창사에서 온 친구가 있다. 그래서 공월정이란 의미가 주는 여운이 더욱 남다르게 마음에 남는다.

　귀국일정이 시작되기까지 한 달도 안 남았다. 이제 낙원과 같았던 여유를 떠나 각박한 세상으로 다시 돌아갈 생각을 하니 아쉽고 심란하다. 공월정은 산책길에 있기 때문에 수도 없이 갔었지만, 오늘과 같은 느낌은 처음이다.
　그 동안 정들었던 이곳을 떠나게 되어 아쉽고, 다시 지지고 볶는 세상으로 가자니 마음이 복잡하지 않을 수 없다. 이런 내 감정 한 묶음을 하이쿠에 담아 공월정의 달에 실어본다.

　동정(東庭)에 선 님
　금강(錦江)을 생각하네
　같은 달 아래

# 천년의 약속

2010년 2월 6일 토요일(음력 12월 23일)

　귀국하기 전에 일본이나 한국에 있는 친구와 지인들에게 나눠줄 기념품을 준비하기 위해 산교카이칸(産業會館)에 갔다. 마침 특산품 코너에서 유명한 야쿠시마(屋久島)의 스기(杉) 나무로 만든 열쇠고리를 보았다. 여러 가지로 마음에 들었다. 몇 개를 사서 이곳에서 알게 된 친구 몇 사람에게 주었다.

　1년이란 시간은 짧다면 짧고 길다면 길다. 그 동안 함께 쌓은 우정 또한 시간적 계량(計量)으로는 1년이지만, 꼭 그것만은 아니다. 시간을 넘어서는 세계에 속하는 것도 있다. 앞으로 다시는 만나지 못할지도 모르지만, 그렇다고 해서 그런 시간적, 공간적 제약이 서로를 생각하는 우정까지 빼앗아 갈 수는 없다.

　이제 친구들과 아무런 기약 없이 헤어지게 된다. 하지만, 그 동안 함께 했던 추억은 오래도록 잊지 못할 것이다. 그런 감회의 일단을 '천년스기'의 도움을 빌어 투박한 한 조각의 하이쿠에 담아둔다.

　천년의 약속(千年すぎの約束)
　삼나무 열쇠고리(杉の鍵輪)
　태산에 걸까(泰に山掛けるかな)

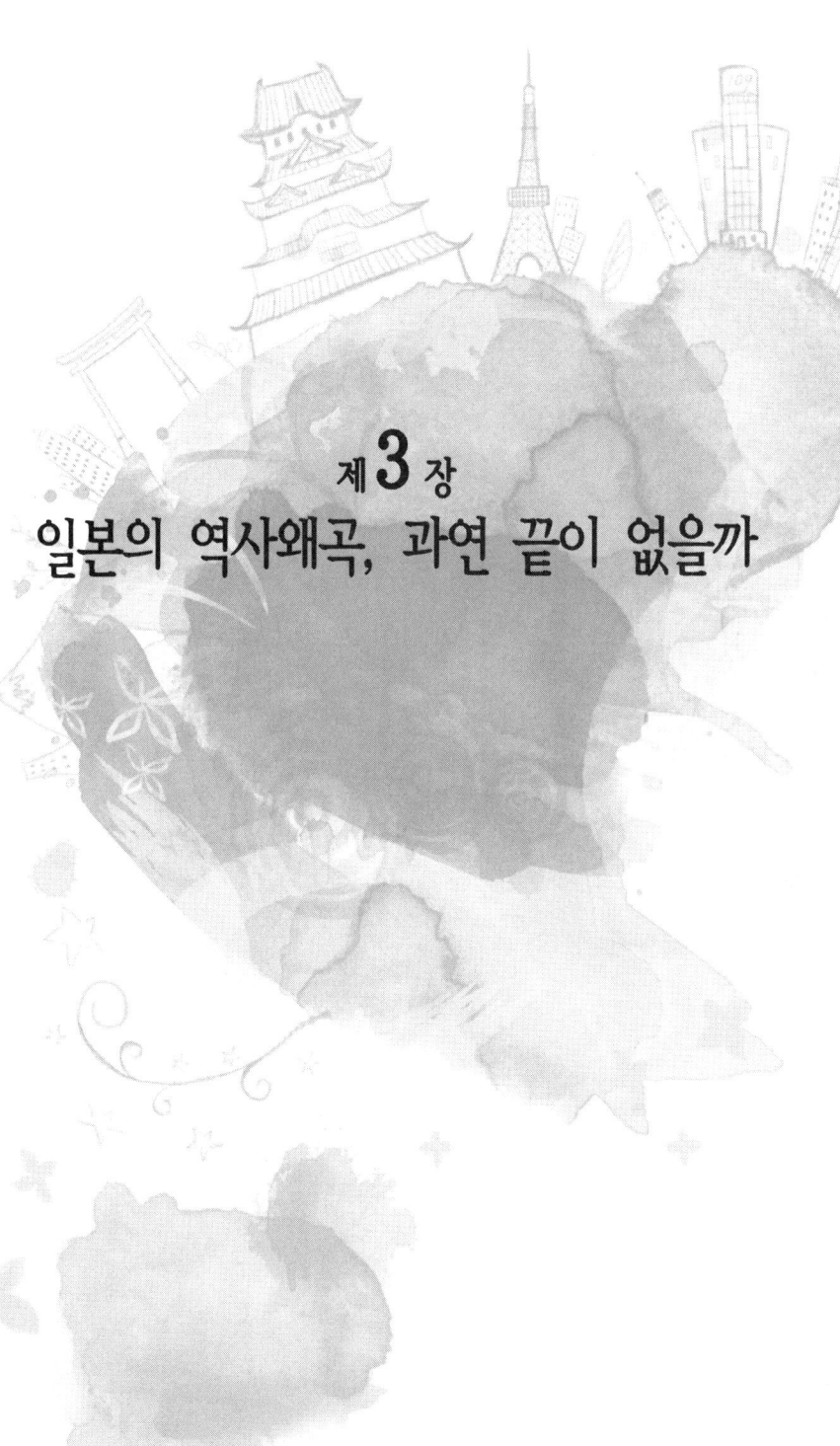

제3장
일본의 역사왜곡, 과연 끝이 없을까

# 한일관계의 새로운 인식

2009년 4월 15일 수요일(음력 3월 20일)

아침 산책은 바닷가 방파제 쪽으로 갔다가 텐포쟌(天保山) 공원 쪽으로 돌아서 왔다. 텐포쟌 공원 근처의 대로변에서 사카모토 료마(坂本 龍馬)의 동상을 보았다. 일본인들은 동상을 설립하기 좋아하는 것 같다. 어디를 가도 동상을 쉽게 볼 수 있다. 흔하게 보는 동상이지만, 사진으로 찍어둔 것은 거의 없다. 올려다보는 것이 싫기 때문이다. 그런데 사카모토 료마의 동상은 올려다 보지 않아도 된다. 실제로 많은 일본인들이 료마를 좋아하는 것도 어쩌면 료마에게서는 귀족적이라기보다 친근한 서민적 이미지를 느끼기 때문인지도 모른다. 이 료마의 동상을 설계한 사람도 아마 이러한 점을 고려했을 것이다.

이 동상은 일본 최초로 알려진 료마의 신혼여행을 기념하기 위한 것이라 한다. 료마가 가고시마에 신혼여행을 왔다고 하지만, 당시 정국의 어려움이나 암살의 위험을 피하려는 목적이 크지 않았나 싶다. 실제로도 료마는 사쓰마에서의 신혼여행을 마치고 돌아간 뒤 얼마 되지 않아 암살당했다고 한다.

료마는 특출한 조정력을 발휘하여 서로 앙숙이 되어 반목하던 사쓰마(薩

摩) 번과 죠슈(長州) 번을 한 뜻으로 뭉치게 한 삿쵸(薩長) 동맹을 이끌어냈다고 한다. 삿쵸 동맹은 일본 근대사의 획기적 전기가 된 명치유신이 성공할 수 있는 토대가 되었다. 명치유신이 근대화의 기폭제가 되었다는 점에서 료마는 일본 근대를 개척한 선구적인 공로자라 할 수 있다. 그 누구도 넘보기 어려운 큰 공이다. 그렇기 때문에 사카모토 료마가 지금까지도 일본 사람들이 가장 좋아하는 인물로 꼽히게 된 것이기도 하다.

사카모토 료마의 신혼여행 기념동상

오전에 가고시마(鹿兒島) 통신 제2신을 작성하여 홈페이지에 게시하였다. 엊그제 과음한 탓인지 아직까지도 온몸이 찌뿌둥하다. 입맛이 없어 점심으로는 미숫가루를 물에 타서 죽처럼 만들어 먹었다. 먹기도 편하거니와 부담이 없으면서도 속이 든든하여 아주 좋다. 미숫가루를 만들어 보내준 주선희 회장에게 고마운 마음을 전한다.

고바야시 교수가 전화로 오후 4시에 나를 환영하는 모임이 있으니 참석해 달라고 한다. 장소는 교육학부의 사회교육 실습실이었고, 참석자는 고바야시, 가네코, 황정훈, 중국 유학생 카쓰이(何帥), 이름을 모르는 중국 유학생 3명, 역시 이름을 모르는 일본 대학원생 2명 그리고 나까지 모두 10명이었다. 환영회라고 이름을 붙인 만큼 최소한의 의례적인 절차 같은 것이 있을 줄 알았는데, 거추장스런 절차 없이 소박하게 마련된 자리였다. 거두절미하고 바로 세미나를 어떻게 꾸려 나갈 것인지에 대한 본론(?)으로 들어갔다. 혹시 몰라 준비해 간 기념선물을 전달할 만한 틈도 없었다. 세미나는 고바야시 교수가 주도하였다. 가네코 교수가 통역을 하기는 했지만, 잘 알아들을 수가 없었다. 대강 '근현대의 한일생애교육사'를 같이 공부하자는 내용이었던 것 같다.

고바야시 교수는 작년에 학생들을 인솔하여 한국을 방문했을 때, 내가 청양의 모덕사에서 일본 학생들에게 말해 주었던 내용에 큰 감명을 받았다고 한다. 그러면서 근현대의 한일관계에 대하여 가르쳐 주었으면 좋겠다고 한다. 나는 잘 모르기도 하고, 또 주된 연구분야도 아니므로 쉽지 않다고 했다. 오히려 나는 오늘날처럼 정돈된 일본사회의 모습이 제도나 시스템 때문에 가능하게 된 것인지 아니면 교육의 결과 그렇게 된 것인지 알고 싶다고 했다. 현재 잠정적으로 교육의 영향이라고 생각하고 있으며, 그런 것을 확인하기 위해 일본의 근대를 여는데 가장 중요한 역할을 했던 가고시마 지역의 역사나 문화 등에 대해 알고 싶다고 했다. 나는 배우러 온 것이지 가르치러 온 것이 아니므로 감당하기 어렵다고 했다.

그리고 당장의 현실적인 목표는 한국의 두줄시나 시조 그리고 일본의 하이쿠와 같은 짧은 시들이 가지는 교육적 의의와 가치에 대해 연구하는 것이라고 했다. 가네코의 통역을 거쳐 고바야시가 수긍하게 되었고, 결국 나는 고바야시 교수가 주도하는 사회교육 세미나에 매주 참석은 하되, 자유롭게 의견을 주고받는 선에서 그치기로 합의하였다.

세미나에서 했던 말을 대강 기억나는 대로 정리하면 이렇다. 선진국을 지향하는 것은 한국도 그렇고 일본 또한 마찬가지이다. 이때의 선진국이란 외형적 국력을 기준으로 하는 것이 아니라, 내적으로 구성원의 삶이 윤택해지는 그런 것이어야 한다. 바람직한 선진국의 기준은 어떤 것인가? 그것은 단순히 영토의 크기나 산업의 발달 정도, 군사력의 크기 등등으로 판가름되는 것만은 아니라고 본다. 그것은 그 국가나 사회의 구성원들이 영위하는 삶의 질이 얼마만큼 인류의 자유와 평화나 복지를 위해 고양되어 있는가에 달려있다고 본다.

앞으로 세계는 더욱 가까워지고 개방화를 지향하게 되어 말 그대로 지구촌 시대가 될 것이다. 또 현재와 같은 변화와 발전의 속도로 미루어 볼 때, 21세기 이전과 같이 어떤 국가나 특정 집단간의 억압과 지배 또는 대규모 살상이나 전쟁과 같은 일이 일어날 확률은 거의 없다고 본다. 또 그래서도 안 된다. 그것은 선진국으로 가는 길에 장애가 될 뿐이기 때문이다. 만약에 다시 그런 불행한 사태가 다시 발생하게 된다면, 그것은 도덕적으로 인류의 보편적 가치기준에 반하는 것으로 정당화될 수도 없다. 뿐만 아니라 현실적으로도 오늘날의 국제사회는 힘의 균형이 무너진 상태에서 강자와 약자 사이의 경합으로 나타났던 종전의 제국주의시대와 같은 구도가 아니기 때문에, 어느 일방의 승리보다는 공멸에 이르게 될 가능성이 높다고 본다. 그렇다면 이제 우리가 어떻게 미래를 준비하고 또 자라나는 세대를 어떻게 가르쳐야 하는가의 문제에 대한 답은 자명한 것이라고 생각한다.

근대 이후 있었던 한일간의 불행한 사태는 다시 재연되어서는 안 된다. 그러자면 피차간에 새로운 각오로 만나야 한다. 지금까지는 한쪽은 과거의 앙금으로 힘들어 하고, 다른 한쪽은 그 영광의 잔상에 미련을 가지고 있음을 부정하기 어렵다. 결국 양국이 다 국제사회 질서의 새로운 미래지향적 비전을 외면한 채 과거의 속박을 벗어나지 못하고 있는 것이다. 이처럼 상호간에 증오하거나 멸시하는 풍조가 남아있는 한 양국의 불편한 관계는 지속될 것이고, 그것은 피차간에 미래지향적인 발전을 위해 전혀 도움이 되지 않을 것이다. 상호간의 증오와 멸시를 극복하고 상호존중의 태도가 있어야 한다.

그러자면 어떻게 해야 하는가? 서로 멸시하지 않고 서로 존중하는 의식과 태도를 양국의 국민들과 자라나는 세대들에게 가르쳐야 한다. 그 길만이 양국간의 고질적인 상처를 치유할 수 있는 유일한 길이라고 본다. 물론 교육의 내용과 방법에 있어서 피차간의 입장은 다를 수 밖에 없고, 또 그것은 어느 정도까지는 인정되어야 한다. 예를 들면, 한국인은 이순신이 위대한 줄은 알지만 도고 헤이하치로가 훌륭하다는 것은 잘 모른다. 일본인은 도고 헤이하치로가 위대한 줄은 알지만 이순신이 훌륭하다는 것은 잘 모른다. 한국에서 안중근은 국가민족을 위해 헌신한 의사(義士)이고, 이토오 히로부미는 침략의 원흉이다. 일본에서는 이토오 히로부미가 영웅이고, 안중근을 테러리스트라고 보기도 한다.

이 문제는 쉬운 일은 아니다. 그러나 해결하기 어려운 것도 아니라고 본다. 자세한 논의는 후일로 미루고 한 가지 예를 들어본다. 상식적인 견해만 가지고도 이 문제에 대한 해결의 접점을 찾을 수 있다고 본다. 여기에 두 사람이 있다. 한 사람은 힘이 세고, 한 사람은 약하다. 그런데 힘이 센 사람이 약한 사람을 때렸다. 왜 때렸는가에 대해서는 또 다른 논의가 필요하니 논외로 하더라도, 이때 때린 사람이 아플까? 아니면 맞은 사람이 아플까? 조금만 생각해 봐도 자명한 이치이다.

그러나 무엇보다도 놓쳐서는 안 되는 분명한 원칙이 있다. 그것은 한일 양국이 양국간에 있었던 역사적 사실들에 대해 숨김없이 가르쳐야 한다는 것이다. 사실과 역사를 왜곡하지 말아야 한다. 작년에 가고시마대학 학생들이 공주대학교 교육학과와 정기교류차 한국을 방문했을 때의 일이다. 이들 일행이 모덕사에 들렀기 때문에 당연히 최익현을 비롯한 전국 각지에 수없이 많은 항일지사들의 사적과 정신에 대해 간략하게 소개하지 않을 수 없었다.

그런데 놀랍게도 1954년생인 고바야시 교수도 금시초문이라고 한다. 일본이 그들의 입장에서 한일관계의 편치 않은 사실들에 대해 후손들에게 감추고 있다는 증표다. 일본의 이러한 태도는 한국의 오해와 증오만 키우게 될 뿐 양국의 선린관계에 전혀 도움이 되지 못한다. 그렇다고 사실 자체가 바뀌는 것도 아니다. 반면에 지난 해 일본의 나라(奈良)와 교오토(京都)를 방문하였을 때다. 그때 나는 비로소 한국에서도 일본의 역사나 문화에 대한 이해 또한 상당히 굴절되어 있다는 것을 알았다. 이 또한 한일 양국관계의 발전을 위해 도움이 되지 않는 것이다.

나는 그때 앞으로 바람직한 한일관계의 개선과 발전을 위해서는 무엇보다도 사실을 직시하고 인류의 보편적 가치와 휴머니즘에 입각한 옳은 삶의 기준에 합하는 인식이 절대 필요하다는 생각을 가졌었다. 그때 이후 지금까지도 사적인 편견에 치우치지 말고 어떤 삶이 옳은 삶인가를 후손들에게 가르쳐야 한다는 생각에는 변함이 없다. 그런 연유로 해서 고바야시 교수는 나를 초빙했던 것이고, 나 또한 이곳 가고시마에 오게 된 것이라고 믿는다. 이제 나는 앞으로 한일 양국 상호간의 이해를 증진하고 상호 존중하는 태도를 정립할 수 있는 새로운 비전을 위해 나름대로 노력을 기울일 생각이다.

어쨌든 고바야시 교수의 사회교육 세미나는 매주 수요일 오후 4시부터 시작되고, 끝난 다음에는 특별한 사유가 없는 한 저녁 식사를 같이 하는 것이 좋겠다는 결정을 내렸다. 그리고 나카쓰카 아키라(中塚 明)가 쓴 '일본과 한국·조선의 역사(日本と韓國·朝鮮の歷史)'라는 책을 같이 보면서 공부하기로 했다.

세미나를 마친 다음 예상했던 대로 고바야시 교수가 저녁을 같이 먹자고 한다. 오늘은 바쁜 것 같으니 다음 주에 하자고 완곡하게 거절하였으나, 고바야시 교수가 굳이 고집하는 바람에 하는 수 없이 따라나섰다. 음식점 상호는 모르나 학생들이 많이 가는 값싼 곳이라고 한다. 메뉴 중에 '돈기무치야키데이쇼쿠(豚キムチ燒き定食)'가 있었다. 일본 기무치로 하는 요리라고 한다. 기무치 맛이 궁금하여 주문하였는데, 맛을 보고 크게 실망하지 않을 수 없었다. 물론 기무치 맛에 실망한 것이 아니다. 기무치 맛은 그런대로 먹을 만 했다. 내가 실망한 것은 바로 요리사의 음식 솜씨였다.

추측컨대, 김치의 자극적인 맛을 상쇄하기 위해 기름을 많이 친 것 같은데, 그것이 마치 불난 집에 부채질하는 격이 되고 말았다. 어떤 종류의 기름인지는 모른다. 한국에서도 돼지고기를 주 재료로 한 김치찌개는 많이 먹는다. 하지만 김치찌개에 기름을 치는 것은 보지 못했다. 돼지고기에 이미 상당한 양의 지방질이 들어있기 때문이다. 돼지고기 김치찌개의 묘미는 돼지고기의 진하고 느끼한 맛은 김치의 자극적이고 상큼한 맛으로, 김치의 맵고 쏘는 듯한 맛은 돼지고기의 기름기가 가진 부드럽고 고소한 맛으로 보완하여 조화를 이룰 때 우러나는 새로운 맛에 있다. 만약에 어느 한쪽이 지나치게 되면, 제대로 된 김치찌개의 맛을 놓치게 마련이다. 재료의 본성을 살리는 맛을 내는 것이 요리의 본질이 아닐까 생각한다.

저녁 식사 경비는 베츠베츠로 했다. 베츠베츠로 할 경우에는 몇 명이 먹었든 음식점을 나가는 대로 각자 자기 몫만을 내면 된다. 식당에서도 각자 주문한 음식에 맞춰 영수증을 끊어주기도 한다. 나는 600엔 정도를 낸 것 같다.

고바야시는 자리를 옮겨 술을 더 마시자고 하였으나 사양하였다. 숙소에 돌아온 다음의 일은 모르겠다. 메모도 남아 있는 것이 없다. 아마 바로 잠들었을 것이다. 그날(오늘)은 꽤 피곤했었다는 기억만은 메모가 없어도 분명하다.

## 일본학 연구가 시급하다

2009년 4월 29일 수요일(음력 4월 5일)

오늘은 일왕 쇼와(昭和)의 생일이라 공휴일이란다. 하지만 고바야시 교수의 사회교육 세미나는 쉬지 않는다고 한다. 오후 4시경 학교에 갔다. 마침 고바야시가 대학원생들하고 세미나 장소인 사회교육준비실을 정리하고 있었다. 가네코 교수는 감기로 참석하지 못한다고 한다. 청소도 끝나지 않았으므로 세미나는 어려울 것 같았다. 고바야시에게 청소에 방해만 되니 간다고 하고 나왔다.

학교에서 나와 황 군과 같이 텐몬칸으로 갔다. 야마가타(山形) 백화점을 구경하기로 했다. 가는 길에 일본 최초로 서양화를 들여온 사람의 탄생지를 알려주는 안내판을 보았다. 백화점 앞에서는 일본 화학계의 선구자라고 하는 니코 와메(丹子ワメ)의 동상을 보았다. 문득 지난 번 코우난 중학교 옆에서 보았던 가고시마 출신의 인물군을 기리는 기념비가 생각난다. 변방의 작은 도시에 불과한 가고시마에 근대 이후 일본 최초라는 영예를 받는 인물들이 어찌 이리도 많은가. 과연 가고시마는 일본 근대의 심장이라 할 만하다.

니코 와메의 동상

야마가타 백화점은 3호관까지 있는 매우 큰 백화점이었다. 몇 가지 상품을 눈으로만 보았는데, 입이 떡 벌어질 정도로 고가인 것이 많았다. 마침 6층에서 북해도물산전 이벤트를 하고 있었다. 그곳을 한 바퀴 돌며 시식으로 제공하는 것을 이것저것 먹어보았다. 두어 바퀴 돌면 저녁 끼니도 때울 수 있을 것 같다고 하며 웃었다.

식품부 매장을 둘러보는 중에 고레모치(高麗餠)를 보았다. 점원에게 고레모치란 이름의 의미나 사연에 대해 물었으나 잘 모른다고 한다. 이곳에 온지 며칠 되지도 않았는데도 한국과 관련된 것들이 적지 않게 눈에 띈다. 긴코왕(錦江灣), 고라이바시(高麗橋), 고라이쵸(高麗町), 고레모치(高麗餠) 등등이다. 얼핏 보기에도 심상하게 지나칠 것이 아니다. 전문적인 연구가 있어야 할 것 같다. 일본에 대한 본격적인 연구가 시작돼야 한다. 실제적인 일본학(日本學) 연구가 절실하게 필요하다.

백화점을 나서며 불현 듯 "백성은 먹는 것을 하늘로 삼는다(民以食爲天)"는 말이 생각난다. 수 많은 인간사 중에 먹는 것보다 큰일은 없는 것 같다. 먹는 일보다 더 근본적인 것이 있을까? 전쟁터에서조차 총탄보다 무서운 것이 먹을 것이다. 고자(告子)는 식색(食色)이 인간의 본성이라고 했지만, 색욕이 어디 식욕에 비교나 될 수 있는가? 밥을 먹지 않고도 산 사람은 없지만, 이성을 가까이 하지 않아서 죽은 사람은 없다.

아무리 그렇다고는 하지만 백화점에 진열된 호사찬란한 진열된 식품들을 보면서 현대사회가 타고 가는 자본주의라는 폭주기관차의 끝을 걱정하지 않을 수 없었다. 필요 이상을 생산하고 유통기한이 지나면 폐기처분하고 있으니 자원 낭비가 도를 넘었다. 자본주의 경제에서는 소비를 미덕이라고 한다. 이와 같은 자본주의적인 경제구조나 생활방식 자체에 대한 혁명적인 변화가 없다면, 오늘날까지 누려온 인류문명은 자원 고갈 및 환경 파괴로 무너지고 말 것이다. 지구의 제한된 자원과 환경이라는 기본적 조건의 변화가 없는 한, 절약이 미덕이 되어야 한다.

## 고대의 한일관계사를 생각하게 하는 기리시마

2009년 5월 4일 월요일(음력 4월 10일)

3일은 켄포기넨비(憲法記念日), 4일은 미도리노히(綠の日), 5일은 고도모노히(子供の日), 6일은 후리카에큐지츠(振替休日)로 4일의 공휴일이 연속된다. 후리카에큐지츠는 공휴일이 일요일과 중복될 경우 그것을 대체하여 다른 날을 휴일로 삼는 것을 말한다. 이번에는 3일의 켄포기넨비가 일요일이라서 연휴의 다음 날인 6일로 대체되었다. 2일은 토요일이므로 휴일이 내리 5일이나 이어지는 셈이다. 금요일 오후부터 계산하면 무려 6일의 연휴가 된다. 그야말로 황금연휴이다.

한국어 공부팀의 오자키 상이나 아리무라 상도 얼마 전부터 Golden Week에 무엇을 할 것인지 묻는다. 객지에 나와 황금연휴를 쓸쓸하게 보내지는 않을까 배려하는 마음씨가 보인다. 딱히 정해놓은 일정이 없다고 하자, 기리시마(霧島)에 같이 가자고 한다. 고마운 일이다. 그렇게 해서 가보고 싶었던 기리시마에 갈 수 있게 된 것이다. 오전 10시에 국제교류회관에 모인 사람은 아리무라 상, 오자키 상 부부, 오자키 교수의 중국인 친구 부부와 한국어 튜터(tutor)인 황정훈 군, 한국어 노래담당 튜터인 윤중근 군과 나까지 모두 여덟 명이었다.

아리무라 상과 오자키 상의 구루마에 나누어 타고 출발하였다. 간간히 빗방울이 떨어지기도 하였지만 가벼운 소풍객의 마음을 이길 수는 없었다. 매스컴에서 연일 Golden Week라고 했지만, 길은 생각보다 붐비지 않았다. 일본에서도 유수한 관광지로 알려진 기리시마로 가는 길인데도 그렇다. 추측하건대, 이곳 사람들은 연휴를 즐길 만한 장소가 많아서 그런 점도 있고, 또 연휴를 즐기는 방법이나 내용도 다양하기 때문에 그런 것이 아닌가 싶다.

가고시마에서 기리시마까지는 고속도로로 약 60km 정도를 북쪽으로 올라가야 한다. 12시 무렵 기리시마 진구(神宮)에 도착하였다. 도중에 전자사전으로 단어를 찾아가며 아리무라 상과 마구잡이로 대화를 나누었다. 아리무라 상도 처음 배우는 한국어에 호기심이 많았기 때문에, 이런 엉터리 대화도 서로의 외국어 공부에 그런대로 도움이 되기는 할 것 같다.

기리시마 진구의 도리이(鳥居)

기리시마 진구는 일본의 국조(國祖)로 추앙되는 텐소아마데라스오오카미(天祖天照大神)의 신화와 관련된 신사(神社)이다. 전망대에서 둘러보니 과연 신비한 설화가 있음직한 곳임을 알 수 있다. 이런 곳이 혼슈(本州)에는 없는 것일까? 산이 높고 큰 것으로 치면 후지(富士)산이 있지 않은가? 그런데 어찌하여 지금 일본의 중심인 혼슈가 아닌 변두리 큐슈(九州)의 최남단에 이들의 국조탄생 신화가 생기게 된 것일까? 궁금하지 않을 수 없다.

기리시마 진구는 풍수지리적 측면에서 보면, 전형적인 배산임수의 명당에 자리를 잡고 있다. 신사의 뒤로는 카라쿠니다케(からくにだけ) 등 기리시마 렌잔(連山)이 병풍처럼 둘러싸고 있다. 카라쿠니는 고대의 한국을 가리키는 말인데, 최근의 지도에서는 카라쿠니다케를 칸코쿠다케(韓國岳)로 표기하고 있다.

기리시마 진구는 카라쿠니다케부터 다카치호까지 이어진 기리시마 렌잔의 앞마당에 자리를 잡고 있는 셈이며, 그 앞으로는 사쿠라지마를 거쳐 가이몬다케(開聞岳)까지 이어지는 킨코왕(錦江灣)을 품에 안고 있다. 킨코왕은 옛 백제문화권 중심부를 흐르는 금강(錦江)과 똑 같은 이름이다. 그런데 무슨 까닭인지는 모르나 근래 들어 가고시마만으로 이름을 고쳐 부르고 있다고 한다.

킨코왕이 명당의 앞마당 또는 명당수가 된다면, 사쓰마(薩摩) 반도는 우백호가 되고, 오오스미(大隅) 반도는 좌청룡이 된다. 풍수지리에서 흔히 산을 용으로 비유하는데, 사쿠라지마는 용처럼 장대하게 꿈틀거리는 기리시마 렌잔의 여의주인 셈이다. 기리시마 바로 앞의 킨코왕에 떠 있는 마이산을 닮은 두 봉우리의 자그마한 섬도 그렇고, 멀리 킨코왕과 태평양이 만나는 어구에 솟은 사쓰마 후지라고 불리기도 하는 카이몬다케도 여의주로 볼 수 있다. 작은 여의주와 같은 마이산을 닮은 두 섬 뒤로 일본의 국조탄생 설화가 서린 다카치호 봉이 보인다. 이 다카치호부터 카라쿠니다케까지 왼쪽으로 길게 이어진 산맥이 기리시마 렌잔이다.

기리시마 앞바다에 떠 있는 마이섬을 닮은 섬

카라쿠니다케의 카라(空 : から)는 하늘을 뜻하는 것이기도 하고 또한 특별히 좋은 것을 뜻하는 것이기도 하다. 일본어 사전을 보면, 카라는 한국이나 중국을 지칭하는 말이라고 한다. 의미가 더 변하여 외국을 지칭하는 말로 쓰이기도 한다. 물론 이때 한국은 지금의 한국을 말하는 것이 아니다. 한반도에 있었던 고대의 어느 나라를 의미하는 것이리라. 그 나라가 백제인지 고구려인지 아니면 신라인지 그것도 아니면 더 오래된 시대로 올라가는지

는 모르겠지만, 보다 발전된 문화를 가졌던 나라를 말하는 것임에는 틀림없다고 본다.

일본어 사전에서 카라아이(韓藍 : からあい)는 아름다운 쪽빛을 뜻하는 것으로 되어 있다. 이때 카라는 한국을 가리키는 것이며, 한국은 특별하게 아름다운 나라라는 뜻을 대신하는 것이다. 결국 카라아이라는 단어는 일본인들이 고대 한국의 선진문화를 흠모하고 동경하고 있었다는 것을 알려주는 증표인 것이다. 이것만이 아니다. 진홍색 또는 심홍색을 뜻하는 카라쿠레나이(韓紅, 唐紅 : からくれない)란 말의 어원도 카라아이라는 말과 같은 맥락에서 봐야 한다. 진기하고 아름다운 옷을 뜻하는 카라코레모(唐衣, 韓衣 : からころも)란 말도 마찬가지이다. 이것도 현재 사용되는 전자사전을 통해 찾아본 것이고, 더 오래 전의 사전을 보면 한람(韓藍), 한홍(韓紅), 한의(韓衣)가 아닌 다른 표현으로 되어 있을지도 모르겠다.

대강 생각나는 대로 찾아 본 것만 해도 이 정도이다. 다시 말하면, 카라쿠니다케는 하늘나라의 산이며, 그 숭고한 하늘나라의 산에 내려와 세상을 연 신인(神人)이 바로 일본의 국조로 알려진 '텐소아마데라스오오미카미'인 것이다. 이런 여러 가지 정황으로 미루어 보아 기리시마에 남아있는 이들의 국조강림신화는 그것이 어느 나라이었든 고대의 한국과 깊은 연관이 있어 보인다.

기리시마 진구는 전망이 기가 막히게 좋았다. 날이 맑으면 수 백리 떨어진 가이몬다케까지 보인다고 한다. 전망만 좋은 것이 아니라 신사의 주변 또한 몇 백 년은 됨직한 울창한 원시림으로 둘러싸여 있어서 신비감을 더해주고 있다. 신사의 입구에 있는 신목(神木)은 삼나무라고 하는데, 수령이 무려 800년이라고 한다. 신사를 참배하려는 사람들이 길게 줄을 섰지만, 나는 참배할 계제가 아니므로 일본 신사에 가면 흔히 있는 오미쿠지(御御籤)만 100엔을 주고 뽑아 보았다. 자세한 내용은 모르겠으나 소길(小吉)의 점괘라고 되어 있었다. 기리시마 진구에서 나오는 길목에 사카모토 료마의 신혼여행을 기념하는 인형을 세워 놓고 사진을 찍을 수 있도록 만들어 놓은 것이 보인다. 사카모토 료마가 일본 사람들에게 얼마나 사랑을 받고 있는지 다시 한번 확인할 수 있었다.

참배 순서를 기다리는 행렬

신사를 구경하고 나니 점심때가 되었다. 점심을 먹기 위해 휴게소를 찾았다. 휴게소 또한 전망이 아주 좋았다. 휴게소 앞으로도 기리시마 진구로부터 가이몬다케까지 일망무제로 펼쳐진 킨코왕이 한눈에 들어온다. 뒤로는 아마테라스오오가미가 강림했다는 다카치호(高千惠) 봉이 멀리 보인다. 휴게소 한편에 자리를 만들고 각자 준비해 온 것들을 꺼내어 점심을 먹었다. 주 메뉴가 된 김밥은 윤중근 군이 만들었다는데, 솜씨가 제법이었다. 맛이 아주 좋았다.

점심을 먹었던 휴게소에서 찍은 高千惠峰

점심을 마치고 유명한 기리시마 온천장으로 가는 길에 폭포에서 잠시 쉬었다. 아리무라 상이 일본에는 폭포가 많다고 자랑한다. 일본은 지진에 의한 단층이 발달하였을 것이기 때문에 아마도 폭포가 많기는 할 것 같다. 기리시마는 일본에서도 온천으로 유명한 곳이라고 한다. 그래서 그런지 온천장 일대는 여기저기서 짙은 유황 냄새와 함께 더운 수증기가 쉴 새 없이 솟아오르고 있었다. 오자키 교수가 안내한 온천호텔은 료코진산소(旅行人山

莊)이다. 경치도 좋을 뿐만 아니라 깨끗하고 잘 가꾸어진 근사한 온천장이 었다.

한 가지 기대에 어긋난 것이 있다면, 출발할 때 들었던 것과는 달리 남녀가 같이 온천욕을 하는 곤요쿠(混浴)가 아니었다는 점이다. 출발할 때 곤요쿠에 간다는 말을 듣고 우스갯소리로 오늘은 곤욕을 치르겠다고 했었는데 말이다. 그런데 사실은 곤요쿠가 되기는 했다. 온천욕을 마치고 나올 즈음 어린 여자 아이 하나가 아빠 손을 잡고 남탕에 들어왔으니 억지로 곤요쿠라고 하면 할 수는 있겠다.

온천욕을 마치고 나와 노천휴게실의 평상에서 다리를 뻗고 비스듬하게 누워 담배를 피워 물고 생각하니 신선놀음이 따로 없었다. 개운한 마음으로 자연의 향연에 몸을 맡기고 있자니 저절로 하이쿠 한 수가 떠오른다. 나중에 이 하이쿠를 가지고 아리무라 상, 오자키 상, 황정훈 군과 함께 한참 동안 이야기하며 웃고 떠들었다. 사람 사는 세상도 마음이 통하면 제법 괜찮다.

안개 속으로
신령한 샘에 들어
때를 벗는다

료코진산소 호텔을 떠나기 직전 잘 가꿔진 정원을 잠시 둘러보았다. 놀랍게도 수십 개도 넘어 보이는 시비(詩碑)와 가비(歌碑)가 세워져 있었다. 하이쿠와 단카를 돌과 나무에 새겨 세워놓은 것인데, 꽃과 나무와 시비(詩碑)가 서로 어울려 보기 좋았다. 미상불(未嘗不) 일본이 시(詩)의 나라란 말이 빈말이 아니라는 것을 실감하게 되었다.

온천장 정원의 시비

머리 가운데
눈꽃이 떨어지는
하늘을 본다

하이쿠인데, 대강 이런 뜻인 것 같다. 가고시마로 돌아오는 동안 차창 밖으로 전개되는 풍성하면서도 깔끔한 풍경과 촌락들을 보면서 과연 일본은 단단한 나라라는 것을 재확인하게 되었다. 아무 조건 없이 한국과 중국에서 온 우리에게 하루를 봉사한 아리무라 상과 오자키 상이 고맙다. 고맙다는 인사와 함께 준비해 두었던 합죽선을 선물로 주었다.

## 망한 나라에 죄인 아닌 사람은 없다

4월 25일 치란(知覽)에 있는 이른바 극동평화회관에 갔을 때, 입구에 서 있는 조그만 비석에 아리랑(アリラン)이라는 글자가 새겨져 있는 것을 보고 깜짝 놀랐다. 도대체 이곳이 어떤 곳인데 이런 비가 세워지게 되었단 말인가! 비문의 내용은 일본에서 흔히 보이는 단카의 형태로 되어 있었는데, 의미는 대강 아래와 같다. 단카의 형식인 5-7-5-7-7음절에 맞추어 번역해 보았다.

아~리랑~
노래 소리와 북녘
어머니 고향
못내 그리워하며
흩어진 꽃들이여

2차대전말 압박해 오는 미군을 상대로 일본이 펼친 작전 중 가장 몰상식하고 비인도적인 것이 바로 가미가제 특공대였다. 극동평화회관은 이 특공대를 기념하기 위해 만든 것이다. 아마 축소되었을 것으로 짐작되지만 안내판에는 전사한 사람이 모두 1,036명이며, 그 가운데 조선인도 11명이 있다고 기록되어 있다.

나중에 알아보니 이 아리랑 시비(詩碑)는 한국이나 일본 어느 쪽으로부터도 외면당한 한 가련한 조선인 전사자의 고혼(孤魂)을 위해 세운 것이라 한다. 바로 왜명(倭名)으로 미쓰야마 후미히로(光山文博)라는 조선인 탁경현(卓庚鉉)과 관련된 것이다. 탁경현은 약관 24세의 꽃다운 나이로 전사하였다. 출격 전날 일본군지정 식당 겸 여관이었던 토미야(富屋)에 들러 조선인이라는 사실을 밝히고 아리랑을 부르며 하염없이 눈물을 흘렸으며, 죽은 뒤에는 반딧불이가 되어서라도 꼭 돌아오겠다고 했다고 한다. '호타루'라는 영화가 바로 이 이야기를 소재로 한 것이라 한다.

극동평화회관에서 나는 형언할 수 없는 감정이 북받쳐 온몸에 열이 오르는 것을 느꼈다. 이 가련한 젊은이들을 위해 내가 할 수 있는 것이 무엇일까? 마땅한 생각이 떠오르질 않는다. 그래서 적어도 이 가련한 조선인 전사자들의 이름만이라도 확인해 보기로 했다. 전시된 사진과 명부를 통해 우선 급한 대로 알아보았는데, 모두 16명이었다. 물론 확실한 것은 아니다. 어쨌든, 가고시마로 돌아온 뒤에는 밤새 잠을 이루지 못하고, 뜬 눈으로 새우며 이들을 위해 '치란 아리랑'을 지어 혼자 불렀다.

고향도 어머니도
이제는 마지막이니
하 기가 막혀
피를 토하는 곡조로
메인 목을 놓았으리라
아리랑 아리랑 아라리요
아리랑 고개로 넘어간다

내 나라인들
아깝지 않을까
피지도 못한 채
떨어진 꽃봉오리
그 비원을 어찌하리오
아리랑 아리랑 아라리요
아리랑 고개로 넘어간다

산만 설고
물만 설다 뿐인가
인정머리 없는 원수의 나라
낯선 땅에 한갓 돌이 되어
뜬 눈으로 지켜보리라
아리랑 아리랑 아라리요
아리랑 고개로 넘어간다

이날 이후로도 며칠 동안 이들의 기막힌 운명을 생각하기만 하면 마음이 아팠다. 그래서 카미카제 특공대와 관련된 것들을 이것저것 알아보았다. 그러던 중에 우연히 달성정웅(達城靜雄)의 이른바 '마쓰이 오장 송가(松井 伍長 頌歌)'를 보았다. 달성정웅은 시로 이름난 서정주의 왜명(倭名)이다. 시의 전문을 본래의 형식을 지키지 않고 소개한다. 시를 감상하기보다 시의 내용만을 확인하고 싶기 때문이다.

아아 레이터만은 어데런가 / 언덕도 / 산도 / 뵈이지 않는 / 구름만이 둥둥둥 떠서 다니는 / 몇 천 길의 바다런가 / 아아 레이터만은 / 여기서 몇 만 리런가 / 귀 기울이면 들려오는 / 아득한 파도 소리 / 우리의 젊은 아우와 아들들이 / 그 속에서 잠자는 아득한 파도소리 / 얼굴에 붉은 홍조를 띄우고 / "갔다가 오겠습니다" / 웃으며 가더니 / 새와 같은 비행기가 날아서 가더니 / 아우야 너는 다시 돌아오진 않는다

　마쓰이 히데오! / 그대는 우리의 오장 우리의 자랑 / 그대는 조선 경기도 개성 사람 / 인씨(印氏)의 둘째 아들 스물 한 살 먹은 사내 / 마쓰이 히데오! / 그대는 우리의 가미가제 특별 공격 대원 / 귀국 대원 / 귀국 대원의 푸른 영혼은 / 살아서 벌써 우리게로 왔느니 / 우리 숨쉬는 이 나라의 하늘 위에 / 조용히 조용히 돌아왔느니

　우리의 동포들이 밤과 낮으로 / 정성껏 만들어 보낸 비행기 한 채에 / 그대, 몸을 실어 날았다간 내리는 곳 / 소리 있어 벌이는 고운 꽃처럼 / 오히려 기쁜 몸짓하며 내리는 곳 / 쪼각쪼각 부서지는 산더미 같은 미국 군함! / 수백 척의 비행기와 / 대포와 폭발탄과 / 머리털이 샛노란 벌레 같은 병정을 싣고 / 우리의 땅과 목숨을 뺏으러 온 / 원수 영미의 항공모함을 / 그대 / 몸뚱이로 내려쳐서 깨었는가? / 깨뜨리며 깨뜨리며 자네도 깨쳤는가

　장하도다 / 우리의 육군 항공 오장(伍長) 마쓰이 히데오여! / 너로 하여 향기로운 삼천리의 산천이여! / 한결 더 짙푸르른 우리의 하늘이여!

　아아 레이터만이 어데런가 / 몇 천 길의 바다런가 / 귀 기울이면 / 여기서도, 역력히 들려오는 / 아득한 파도소리 / 레이터만의 파도소리

　공을 많이 들였는가 싶다. 참 길기도 하다. 이 시는 1944년 12월 9일 당시 매일신보에 실렸던 것이라고 한다. 달성정웅이 필력을 휘둘러 칭송한 마쓰이 히데오(松井秀雄)를 극동평화회관에서 찾아보았는데, 소비(少飛) 13기로 20세에 전사했다고 되어 있었다.

　광복이후 서정주는 다른 문인들이 그의 친일행위에 대해 거론하면 아주 싫어해서 술주전자를 집어던지곤 했다고 한다. 그리고 자신의 친일행위를 변명하면서 일본이 그렇게 쉽게 질 줄 몰랐었다고 했다는 것이다. 기가 막힐 노릇이다.

서정주가 술주전자를 집어던지며 화를 낸 것은 자신의 판단착오 때문에 겪게 되는 불편한 상황에 화가 났던 것이지, 자신의 과오를 인정하거나 반성하는 것이 아니라는 느낌이 강하게 든다. "일본이 승승장구했다면 찌그러진 술주전자 대신 금덩이를 마구 던질 수 있었을텐데…" 설마 그가 이런 생각을 가지고 있었다는 가정은 하고 싶지 않다.

　이 시를 매일신보에 발표했을 때 달성정웅의 나이는 꼭 서른 살이었다. 서른 살이면 스스로도 구국전선에 나서지 못할 바도 아니거늘 도리어 내 자식의 호의호식을 지키기 위해 다른 꽃다운 청년들을 향해 비명에 횡사하는 것을 칭송하고 부추기고 있었다는 말인가! 가련한 일이다.

　나라가 망하고 고향을 잃으면 어느 누구도 예외 없이 죄인이 되고 가련해지게 마련이다. 지금 나에게 그런 상황이 온다면, 나는 어떻게 할 것인가? 나 또한 저 가련한 죄인의 무리에서 벗어나기가 그리 쉽지 않을 것이다. 그런 끔찍한 상황은 생각하고 싶지도 않다. 아니 그런 일이 다시는 일어나지 않도록 각골명심(刻骨銘心)하여 대비해야 할 것이다.

　"망한 나라에 죄인 아닌 사람은 없다"는 것이 우리에게 그 혹독한 생지옥의 고통을 겪게 하였던 왜적(倭賊)의 후손들이 살고 있는 나라 이곳 일본에 와서 다시금 뼈에 사무치도록 느끼는 무섭고 무서운 이치이다.

# 와신상담(臥薪嘗膽)의 길

2009년 6월 17일 수요일(음력 5월 24일)

오랜만에 고바야시 교수의 사회교육 세미나에 참석하였다. 세미나에서 공부하기로 한 나카쓰카 아키라(中塚明)의 근대일본과 조선(近代日本と朝鮮), 일본과 한국·조선의 역사(日本と韓國·朝鮮の歷史)라는 책을 받았다. 나는 제대로 알아보지도 못하지만 나중에라도 읽어볼 생각으로 주문하였던 것이다. 책을 받아 목차만 보았는데도 피가 거꾸로 흐르는 심정이다.

예를 들면, [근대일본과 조선]이라는 책에 있는 "한국을 폐멸하여 제국영토의 일부로 삼다(韓國を廢滅して帝國領土の一部となす)"라든지 "중국에 대한 침략과 조선(中國への侵略と朝鮮)"이라는 주제들을 보는 순간 나도 모르게 울화가 치민다. 중국에 대해서는 침략이라고 하면서 조선에 대해서는 침략이란 용어를 전혀 쓰지 않을 뿐더러 폐멸하여 저들의 영토로 삼았다고 하고 있다. 그런데 나카쓰카는 [일본과 한국·조선의 역사]라는 책에서는 임진왜란을 "풍신수길의 조선침략(豊臣秀吉の朝鮮侵略)"이라고 하였다. 우리는 임진왜란과 경술국치(庚戌國恥)를 다 같이 왜적(倭賊)이 우리나라를 침략한 것으로 보고 있지만, 이들은 그렇게 보고 있지 않다는 증좌이다. 임진왜란은 침략이지만 경술국치는 침략이 아니라는 것이다. 고바야시

교수의 말에 따르면 나카쓰카 아키라는 비교적 객관적 시각을 가진 사람이라고 하는데도 이렇다.

나는 역사학을 전공하는 사람이 아니다. 일본의 역사학자나 연구자의 저술이나 논문을 직접 본 것도 거의 처음인 셈이다. 일본어도 잘 모른다. 그런데도 보는 순간 바로 알 수 있는 이런 어처구니 없는 것들을 역사를 전공하는 우리나라 학자들은 모르고 있단 말인가? 알면서도 수수방관한다는 말인가? 도대체 무슨 생각을 가지고 있는 것인가? 무엇을 위해 역사를 공부하고 연구하는 것인가? 참으로 알 수 없는 일이다.

침략을 침략이 아니라고 강변하고 있는 침략자의 나라에서 그 나라 사람들과 같은 자리에 앉아 침략을 당해 망한 내 나라의 이야기를 듣고 있자니 이루 형언할 수 없는 분노와 비통함으로 가슴이 답답해진다. 그 자리에는 또 다른 국적의 유학생들도 여럿이 있었다. 이런 굴욕적인 경험은 처음이다. 내색하지 않고 견디자니 고문이라도 당하는 것 같았다. 왜적침략기(倭賊侵略期)를 전후하여 수 많은 애국지사들이 겪었던 모진 고문과 간난신고가 생각난다. 그 고초를 헛된 것으로 만들면 안 된다. 오늘날 당당한 나라의 국민으로 살게 된 것도 다 그 분들 은덕이다. 그런 만큼 그 분들의 마땅한 후예로서 반드시 지켜야 할 책무를 다해 부끄러움이 없어야 할 것이다. 문득, 월왕(越王) 구천(句踐)과 범려(范蠡)를 주인공으로 하는 와신상담(臥薪嘗膽)의 고사가 생각난다. 와신상담의 고사는 그저 재미있는 옛날이야기가 아니다. 지금부터 앞으로 우리가 가야할 길이다.

고바야시 교수가 오랜만에 만났으니 저녁을 같이 먹자고 한다. 가네코 교수와 황 군 그리고 일본과 중국의 대학원생 몇이 함께 하였다. 오늘은 고바야시 교수가 먼저 하이쿠를 보여주었고, 내가 거기에 두 줄을 더하여 단카로 만들었다. 고바야시의 하이쿠가 때에 잘 맞을 뿐만 아니라 뜻도 근사하여 보기 좋았으므로 나는 그저 적당히 두 줄을 채웠다. 물론 그 두 줄도 나는 뜻만 말한 것이고, 일본어로 번역하는 것은 황 군의 손을 빌린 것이다.

梅雨時に
晴れて友あり
論じ飲み
絶唱なれば
何をか詩わむ

매화비 올 때
마음 맑은 벗 있어
술 익는 대화
이미 절창이거늘
무엇을 더 읊으랴

## 소위 '식민지 근대화론'에 대하여

2009년 7월 1일 수요일(음력 윤5월 9일)

근래 들어 '뉴 라이트'라는 부류를 중심으로 소위 '식민지 근대화론'을 공공연히 주장하는 사례가 부쩍 늘었다. 이들이 주장하는 '식민지 근대화 혜택론'은 일본의 침략과 식민 지배가 한국의 산업화와 근대화에 기여했다는 것으로 곡학아세(曲學阿世)의 전형적인 표본이 아닐 수 없다. 왜적침략기(倭賊侵略期) 이래 일본에서 침략에 대한 책임을 회피하고 미화하기 위해 내세우는 터무니없는 이론이다. 한국에서 이런 이론을 지지하는 자들이 있으니 해괴한 일이다.

'갑'이 살고 있는 마을에 욕심쟁이 세력가 '을'이 있었다. 어느 날 '을'이 세력을 휘둘러 '갑'의 집안을 송두리째 차지해 버렸다. '을'은 '갑'의 집을 차지하고 사는 동안 돈을 들여 정원을 잘 다듬었다. 단층집이 불편해서 이층을 올렸다. 내부 인테리어도 고급품으로 바꿨다. 자식들도 가르쳤다. 성형수술까지 해줬더니 인물이 훤해졌다. '을'은 이렇게 '갑'의 집을 제집처럼 차지하고 40여년을 살았다.

'갑'은 갖은 고생을 다한 끝에 간신히 집을 되찾게 되었다. 천신만고 끝에 집을 되찾은 '갑'이 '을'에게 과연 어떻게 할 것인가? 소위 '식민지 근대화론'의 논지(論旨)대로 한다면, '을'에게 그 동안 여러 가지로 살림에 기여한 것을 백배치하하고 고마워해야 할 것이다. 그러나 실제로 이 예화(例話)의 '갑'이 '을'에게 고마움을 표하는 것에 동의할 사람이 몇이나 될 것인가? 제 정신이 아니라면 모를까 한 사람도 없을 것이다.

억만 걸음을 양보해서 식민지 근대화론자들이 주장하는 그런 실적이 있었다고 하자. 그런 실적이 누구를 위한 것이었는가? 한국을 위한 것이었는가? 왜적을 위한 것이었는가? 그것이 '갑'을 위한 것이었는가? '을'을 위한 것이었는가? 이따위 것들을 힘들여 말해야 한다는 사실 자체가 한심스럽기 짝이 없는 노릇이다.

소위 '식민지 근대화론'은 일고의 가치도 없는 조잡하고 유치하기 짝이 없는 저열한 이론이다. 자기들의 잘못을 감추고 책임을 회피하려는 일본인들의 얕은 수작도 기가 막히는 일이거늘, 하물며 대한민국에서 이런 것을 이론이랍시고 펴놓고 얘기하는 무리들이 있다니 잘못 돼도 한참 잘못된 일이다.

사실 조금만 생각해 보아도 '식민지 근대화 혜택론'보다는 오히려 '식민지 근대화 해악론(害惡論)'이 논리가 순하게 성립된다는 것을 알 수 있다. 왜적의 침략이 없었다면, 근대 이후 한국의 모습은 어떻게 되었을까? 지금보다 더 잘 살게 되었을까? 못 살게 되었을까? 역사에 가정(假定)은 없는 것이므로 알 수는 없다. 하지만 반드시 짚고 넘어가야 할 분명한 사실이 있다.

왜적(倭賊)의 침략으로 우리의 자생적인 근대화 노력이 좌절되었다. 왜적침략기를 통하여 무수한 폭압과 수탈이 자행되었다. 그리하여 일부 왜적 추종배들을 제외한 수 많은 국민들이 고통 속에 신음하였다. 민생의 탄압과 물산의 수탈만이 아니다. 무엇보다 소중한 국력과 민생을 진흥하고자 했던 우리의 근대화 의지가 뿌리까지 짓밟혔다는 것이다. 민생도 사회도 국가도 미래지향적 생명력을 잃어버리고 방황하게 되었던 것이다.

무모한 망상에 광분하던 왜적이 자멸하고 우리는 광복을 맞이하였다. 그러나 왜적의 침략과 수탈이 자행되는 동안 국민들이 받은 수모와 고통, 국가와 민족의 분단, 간도(間島)의 도난(盜難) 등 이루 헤아릴 수 없는 폐해를 입었다. 일본열도 전체를 다 팔아서 갚아도 모자란다. 일본은 이 죄를 어떻게 갚을 것인가? 아무리 생각해도 도저히 갚을 수 없으므로 차라리 잘못이 아니라고, 죄가 없다고 우기기로 작정한 것 같은 느낌마저 든다.

소위 '식민지 근대화론'은 여기서 한 걸음 더 나간 것이다. 잘못이나 죄가 없다고 버티는 것이 아니라 아예 은인이라고 빼기고 덤비는 꼴이다. 이렇게 사실(史實)을 호도(糊塗)하고 시간을 끌다 보면, 전죄(前罪)의 대가를 치르는 부담을 덜 수 있겠다는 생각이 틀림없다. 하지만 그렇게 되지도 않을 뿐만 아니라 오히려 새로운 죄를 더 저지르는 것에 불과할 따름임을 명심해 두어야 할 것이다.

'식민지 근대화 해악론'을 주장해도 시원치 않을 판에 '식민지 근대화 혜택론'이 횡행하는 우리 사회의 몰지각한 학문적 풍토가 가련하고 불쌍하다. 한일관계와 역사에 관한 한 태생적으로 거짓과 술수에 이골이 난 일본은 그렇다 치고, 한국에서 이런 주장을 하는 자들이 있다는 것이 놀랍다. 한국에서 이런 주장을 하는 자들이 목숨을 부지하고 있다는 사실이 더 놀랍다.

# 일본이 과거사 반성을 하지 않는 이유는?

2009년 7월 1일 수요일(음력 윤5월 9일)

오늘 세미나 자료는 일본사연구 370(日本史硏究會, 1993. 6)에 게재된 고천의자(古川宣子)의 논문 "식민지 시기 조선에 있어서의 초등교육-취학상황의 분석을 중심으로(植民地期朝鮮における初等教育-就學狀況の分析を中心に-)"이었다. 세미나에 참석해도 말을 알아듣지 못하기 때문에 피차간에 별 도움이 되지는 못한다. 게다가 오늘은 거의 끝날 무렵에 참석하였기 때문에 더욱 그러했다. 하지만 무엇이든 찾아내려고 나름대로 노력은 한다.

자료에 있는 '식민지 시기 조선(植民地期朝鮮)'이라는 용어를 보는 순간 속이 뒤집힌다. 일본에게 나라를 빼앗겼던 사실이 부끄럽고 화가 난다. 한국에서 보고 듣고 말할 때는 거의 느끼지 못했던 그런 감정이 일어난다. 아니라고 할 수 없는 사실이기에 더욱 그렇다. 그렇다면 이 용어의 사용을 그대로 수긍하고 말 것인가? 나는 아니라고 생각한다. 이런 것 말고도 많이 있을 테지만, 이런 류의 용어에 대해서는 깊이 생각하고 논의할 필요가 있다고 본다.

앞으로 더 생각해 보고 또 알아보기도 하고 그래야 하겠지만, 이런 용어들을 보는 바로 그 순간 일본인들의 근본적인 역사인식과 한국관이 무례와 오만에서 시작되는 것임을 알 수 있다. 한국을 침략했던 것이 잘못이라는 생각은 고사하고 자랑스러운 것이다. 그렇기 때문에 침략이라는 부정적인 용어를 쓰고 싶지 않을 테고, 당연히 과거사를 반성한다든지 하는 그런 일은 생각하고 싶지 않을 것이다. 그러나 상황이 바뀐 지금에 와서 일본인들이 진정으로 과거사의 불행한 사실을 인정하고 반성한다면 이런 류의 용어는 사용해서는 안 된다. 상대방의 아픈 상처를 자극하지 않는 보다 객관적인 용어를 사용해야 한다.

예를 들어, 갑과 을이라는 사람이 있다. 과거에 갑은 을의 집에서 종살이를 했었다. 물론 지금은 독립하여 마을의 한 구성원으로 어엿한 자기 역할을 하고 있다. 그런데 을이 갑을 만날 때마다 '종살이 하던 갑'이라고 한다면 어떤 기분이 들 것인가? 마을 회의나 행사가 있을 때마다 역시 '종살이 하던 갑'이라고 한다면 기분이 좋을까? 다른 사람에게 소개할 때도 '종살이 하던 갑'이라고 소개한다면 어떨까? 모르긴 해도 아마 갑의 경우에도 이런 일은 과거에는 아무리 그랬었다고 하더라도 지금 이 순간에는 도저히 용납하기 어려울 것이다. 또 을의 경우에도 이런 식으로 갑을 대하지는 않을 것이다. 이것은 아주 기본적인 상식에 속하는 일이라고 본다.

그런데 왜 일본은 한국에게 그런 몰상식한 행위를 계속하고 있으며, 한국의 학자들은 그 잘못에 대해 따지고 바로잡으려 하지 않는 것인가? 따지지 않는 것이 아니라 못하는 것이라고 여겨진다. 일본이 무서워서 못하는 것도 아니다. 이런 상식적인 판단조차도 하지 못하기 때문에 그런 것이다. 더구나 왜적(倭賊)에게 부화뇌동하였던 잔당과 그 무리들은 그런 판단을 하고서도 문제로 삼고 싶지 않았던 것이다. 광복 이후 왜적의 침략으로 인한 치욕의 잔재를 제대로 청산하지 못한 것이 두고두고 천추의 한이 되는 것이다. 그러니 일본이 '식민지였던 조선'이라고 펴놓고 말해도 부끄러운 줄도 모르고 듣고 있을 뿐만 아니라, 덩달아 글이나 문서에도 사용하고 있는 것이다. 기가 막힌 노릇이다. 현재의 일본 사람이라고 해도 한국을 말할 때 '식민지였던 조선'이라고 하거나 그런 말을 긍정하는 순간 그들은 일본 사람이 아니라 왜적(倭賊)이며 또 그렇게 대우해야 한다고 생각한다. 모든 분야에 걸쳐 다 해당되겠지만, 특히 한국의 역사학자들은 그야말로 뼈를 깎는 반성을 하지 않으면 안 된다. 이것을 해결하지 못하면, 한국에는 역사학은 없는 것이나 마찬가지이다.

일본이 한국을 '식민지였던 조선'이라고 하는 것은 을이 갑에게 '종살이 하던 갑'이라고 모욕을 주는 것과 다를 바 없다. 우리에게 이런 모욕을 주는 일본에게 그렇게 하지 못하도록 해야 한다. 그런데도 그런 모욕적인 행위를 멈추도록 하지 못하고 있다. 이것은 전적으로 한국의 책임이다. 책임에도 두 가지 방향이 있다. 하나는 따지지 않고 있다는 것이다. 따지지 않는 것은 왜적침략의 잔재를 제대로 청산하지 못했기 때문에 그런 것이다. 또 하나는 한국의 국력이 강하지 못하기 때문에 일본의 못된 작태가 계속되는 것이다. 한국의 국력이 강하다면 이런 일은 일어나지도 않을 것이고, 또 있다고 하더라도 쉽게 바로잡을 수 있을 것이다.

한편, 일본의 입장에서도 한국에게 이제는 더 이상 그런 모욕을 주는 일을 해서는 안 된다. 이점에 있어서는 전적으로 일본의 책임이다. 일본이 아직도 구태의연한 태도로 일관하는 것은 한국을 국제사회의 일원으로 동등하게 인정하려는 파트너십이 없기 때문이다. 이러한 일본의 무책임한 행위의 바탕에는 한국을 경멸하는 의식이 깊게 깔려있다. 한국을 경외하는 마음은 싹도 보이지 않는다. 한국의 국력이 강하지 않기 때문에 그렇기도 하고, 또 한국이 별다른 이의를 제기하지 않기 때문에 그렇기도 하다.

한국이 일본에게 제대로 된 국제사회의 파트너십을 가질 수 있도록 가르쳐야 한다. 가르칠 수 있으려면 권위가 있어야 한다. 과거의 잘못된 일을 바로잡거나 반성하는 선에서 한일관계가 마무리되고 재정립되어야 한다. 그러나 지금까지도 해결을 보지 못하고 질질 끌어오고 있다. 이는 결국은 한국에 그런 것을 바로잡을 만한 권위가 없기 때문일지도 모른다. 아니면 권위가 있다고 해도 일본이 그것을 인정하지 않고 있기 때문인 것이다. 일본으로 하여금 인정하지 않고는 견딜 수 없게 해야 하는데, 그것이 여의치 못한 것이다.

이를테면, 임진왜란 이후 조선은 왜국에 대해 어느 정도의 권위를 가지고 있었다고 할 수 있다. 그렇기 때문에 임진왜란 이후 도쿠가와 이에야스가 정권을 장악한 왜국은 조선과의 통상과 수교의 회복에 대한 필요성을 느꼈던 것이다. 아사오 나오히로(朝尾直弘) 등이 편찬한 일본사를 보면 도쿠가와 이에야스가 조선국사(朝鮮國使)를 초치(招致)하였다고 기술하고 있다. 이 책은 이계황 등이 번역하여 2003년에 창작과 비평사에서 [새로 쓴 일본사]로 출판하였다. 이 책에서 보는 것처럼 불과 한 줄도 채 안 되는 짧은 기술로 처리했지만, 조선과의 국교재개를 위해 왜국이 국사(國使)를 초치(招致)하는 등 성의를 보였기 때문에 조선에서도 이를 수락하였던 것이다. 한국과 관련한 역사적 사실에 대해서는 자신들에게 유리한 쪽으로 기술하기 위해 조작도 마다 않는 일본 학자들의 수준을 고려한다면, 채 한 줄도 안 되는 이 기술만 가지고도 당시 왜국이 조선과의 수교회복에 얼마나 공을 들였는지 짐작하고 남음이 있다.

그런데 오늘날 일본의 태도는 어떤가? 한국 정도는 무시해도 얼마든지 국제사회에서 일본이 불이익을 받을 것이 별로 없다고 보는 것이다. 지금의 한국은 일본에게 어떤 형태로도 권위를 갖고 있지 못하거나, 가졌다고 해도 일본이 인정하지 않고 있는 상태인 것이다. 이 문제에 있어서 근본적인 책임은 당연히 일본에게 있지만, 그러한 일본의 오만불손함을 지적하고 바로 잡지 못하고 있는 한국의 정부나 학계의 무능하고 안일한 태도는 엄중한 비판을 면할 길이 없다.

부끄러운 일이지만 한국의 역사를 연구하는 일본 학자들의 논문이나 책을 제대로 본 적이 없다. 아마 이번이 처음일 것이다. 그런데, 처음 보는 나에게도 이렇게 쉽게 보이는 문제가 어찌하여 그것으로 일을 삼는 한국의 역사학자들에게는 보이지 않는다는 말인가? 물론 있는데 내가 못 보았을 수도 있긴 하지만, 있다고 하더라도 불과 몇 사람 안 되는 것이라는 생각이 든다.

# 일본의 역사왜곡, 과연 끝이 없을까

2009년 7월 1일 수요일(음력 윤5월 9일)

이계황 등이 번역한 [새로 쓴 일본사](아사오 나오히로 편) 266쪽에는 도쿠가와 이에야스가 조선국사(朝鮮國使)를 초치(招致)했다고 기술하고 있다. 이는 '이에야스가 조선국사(朝鮮國使)를 초치(招致)'한 사실을 도저히 은폐, 조작, 왜곡할 수 없기 때문에 기록은 하되 한 줄도 안 되는 분량으로 축소한 것일 뿐이라는 생각이다.

일본 역사학계가 고질적으로 가지고 있는 한국 콤플렉스는 비판의 수준을 넘어 가련할 정도이다. 한국에 관련된 것이면 무엇이든 축소, 은폐, 조작, 왜곡하기 위해 수단과 방법을 가리지 않는다. 세계 여러 나라의 역사를 보면, 어느 국가나 민족은 다른 어느 국가나 민족에 비해 넉넉하기도 하고 모자라기도 하게 마련이다. 그리고 역사가는 그런 사실을 사실대로 기술하면 된다. 어떤 특정한 목적이나 의도가 없는 한 열등하다든지 우월하다든지 하는 사실이 역사가를 힘들게 하지 않는다.

그러나 한국을 보는 일본 역사학자들의 경우에는 다르다. 한국을 침략했던 일본의 죄과를 인정하지 않으려니 침략을 정당화하는 이론을 만들어내지 않을 수 없었다. 그러나 태고적부터 지금에 이르기까지 형성되어 온 한일관계사를 보면, 한국이 일본에 비해 일방적으로 부족하다거나 열등하다는 것을 입증할 수 있는 유력한 사실이 거의 없다. 오히려 명치유신 이전까지의 한일관계사는 한국이 일본에 비해 전반적으로 우월하다는 것을 부정할 길이 없다. 이점에 대해서는 일본의 역사학자들이 먼저 알고 있다. 여기에 일본 역사학계의 심각한 고민이 있는 것이다.

이들이 조선침략을 정당화하기 위해서 창안해 낸 억지이론 중에 '식민지 근대화론'이 있다. 일본이 무능력하고 피폐한 조선을 합병하여 식민지로 지배함으로써 한국의 산업화와 근대화에 기여했다는 주장이다. 그런데 기가 막힌 사실은 바로 이런 논리를 가지고 한일관계사를 볼 경우 명치유신 이전에는 한국이 무능한 일본을 돌봐주지 않으면 안된다는 논리가 성립하게 된다. 한국이 일본을 침략해도 된다는 것을 정당화하는 꼴이 되고 마는 것이다. 그러니 일본의 역사학계가 병이 나지 않을 수 없는 것이다. 결국, 순수한 학문의 세계를 이탈하여 국가와 정부의 시녀로 전락한 일본 역사학계가 갈 길은 이미 정해진 것이나 마찬가지다. 한국에 관한 한 어떤 것이든 축소, 은폐, 조작, 왜곡하는 거짓학문의 세계로 들어갈 수 밖에 없는 것이다.

일본 역사학의 풍토를 여실히 보여주는 한 예를 보자. 자료를 찾기 위해 애쓸 것도 없다. 아사오 나오히로 등이 편찬한 같은 책의 280쪽부터 281쪽에서는 조선과 왜와의 수교 재개에 대해 기술하고 있다. 놀랍게도 그것은 266쪽의 기술과는 전혀 다른 내용으로 기술되고 있다. 참고할 수 있도록 해당되는 부분을 그대로 인용한다.

"조선과의 관계는 조일무역에 절대적으로 의존하는 쓰시마(對馬) 소오

(宗)씨의 외교노력을 통해 진행되었다. 1607년(케이쬬오慶長 12)에는 수교사신이 일본을 방문하고, 1609년에는 소오씨와 조선 사이에 기유(己酉)약조가 체결되었다. 이것으로 조선과 일본의 외교관계는 회복되고, 쓰시마 번은 연간 20척의 무역선을 조선에 파견할 수 있었다. 1636년(캉에이寬永 13) 일본의 태평을 축하하는 조선사절이 에도를 방문해 이에미쯔(家光)와 회견하고, 그후 1655년(메이레키明曆 1) 이에쯔나(家綱)의 제4대 쇼오군 취임을 축하하는 통신사가 파견되었다. 이후 1811년(붕카文化 8)까지 대략 쇼오군 교체 때마다 통신사가 도일(渡日)했다. 조선 측은 이러한 통신사 파견을 대등한 '교린'외교로 규정했지만, 에도막부는 사절의 내일(來日)을 쇼오군에 대한 조선국왕의 조공으로 선전했다.

쇼오군에 소식을 전하는 통신국가로서 설정된 또 하나의 '국(國)'으로 류우큐우가 있었다."

이제 이 기술이 드러내고 있는 일본 역사학자의 모순에 찬 논리와 간교한 왜곡에 대해 하나하나 분석해 보기로 한다. 첫째, 조선을 류우큐우, 아이누와 같은 수준으로 다루고 있다는 점이다. 참으로 교묘한 기술적 배치이다. 모두(冒頭)에서 보았던 것처럼 왜왕을 좌지우지하던 실질적인 군주로 행세하던 쇼오군 이에야스가 조선의 국사(國使)를 초치하기 위해 노력하였다. 그 사실을 기술하지 않을 수 없게 되자 마지 못해 반 줄로 거론하였는데, 그것은 본심과는 전혀 상반된 것이었다. 이들의 본심은 조선을 일본의 일개 번보다 작은 류우큐우나 존재조차 희미한 아이누와 같은 수준으로 격하하여 놓는 것이었다.

일본의 근세에 대해 기술하고 있는 이 책의 제3부는 천하통합, 막번체제, 근세사회의 성숙, 근세사회의 전환, 국민국가로의 길 등 5개장으로 구성되어 있다. 조선에 관한 기술은 막정과 번정, 대외관계의 정돈, 도시와 농촌 등 3개절로 구성된 제2장 막번체제의 제2절 대외관계의 정돈에 나온다. 제2절은 크리스크교 금지령과 시마바라의 난, 해외무역의 관리, 청의 성립과 망명명인, 조선·류우큐우·아이누 등 4개항으로 나누어져 있다. 이러한 편차라면 당연히 조선을 류우큐우나 아이누와는 구분하여 기술했어야 한다. 만약 이러한 서술에 대해 이의가 제기될 경우에는 역사 서술상 어쩔 수 없었다거나 역사가의 고유 영역에 속하는 것이라고 발뺌하면 그만이다. 이의가 있을 경우까지 고려한 참으로 교묘한 차원을 넘어선 간교한 수법이 아닐 수 없다.

둘째, 국교를 재개하는 과정에서 왜의 막부가 보였던 노력에 대해서는 일언반구도 하지 않았다는 점이다. 당시 왜의 실질적인 통치자인 이에야스가 조선국사를 초치하였던 사실 등에 대해서는 일체 언급하지 않고, 조선의 수교 사신이 일본을 방문한 사실만 기록함으로써 마치 조선이 수교 재개를 위해 안달이 났던 것처럼 문맥을 구성하고 있는 것이다.

셋째, 국교 재개의 과정에서 조선의 수교 사신이 일본을 방문한 사실과 대마도의 소오씨가 노력을 했다는 사실을 병기한 다음, 결론적으로는 대마도의 소오씨와 조선이 기유약조를 체결함으로써 조선과 일본의 외교관계는 회복되었다고 기술하고 있다. 이는 조선을 고작 대마도 정도와 어울릴 수 있는 수준으로 격하한 것이며, 앞에서 지적했던 것과 같이 조선을 류우큐우나 아이누에 상응하는 수준으로 격하시킨 것과 똑 같은 수법인 것이다.

단 몇 줄만 보아도 모순이 드러나는 서술을 하고서도 그것이 잘못인 것을 모른다. 조선을 격하해야 한다는 지상명령이 일본 역사학자들의 뇌세포

전체를 장악하고 있기 때문에 다른 것은 전혀 보이지 않는 것이다. 대마도와 기유약조를 체결하여 국교가 재개되었다고 하면서 그 뒤로는 막부와의 통신사 왕래 기록만 나온다. 이들의 기술대로 조선이 대마도와 국교를 재개한 것이라면, 대마도가 일본을 대표한다는 말인가? 그렇다면 도쿠가와 이에야스의 막부는 대마도의 하급기구에 불과하다는 말인가? 또 그 뒤에 막부가 조선과 외교관계를 지속한 것은 어떻게 설명할 것인가? 대마도가 조선과 왕래하여 막대한 이익을 보게 되자, 그것이 부러운 이에야스나 막부가 대마도의 이권을 빼앗기라도 했다는 말인가? 이것이야말로 순수하지 못한 저의를 가진 이론이나 연구가 한번 빠지면, 끝내 헤어날 수가 없는 자가당착의 개미지옥과 같은 것이다.

넷째, 1636년에는 일본의 태평을 축하하는 조선사절이 방문하여 이에미쯔와 회견하였고, 1655년에는 이에쯔나의 제4대 쇼오군 취임축하 통신사가 파견되었다. 이후 1811년까지 대략 쇼오군 교체 때마다 통신사가 도일하였다고 기술하고 있다. 이대로라면, 조선국왕은 쇼오군 취임 때에 맞추어 사신을 보내 축하했다는 것이 된다. 그러나 과연 단 두 번의 축하사절 기록만 가지고 '대략' 조선통신사는 쇼오군 교체 때마다 축하사절을 보냈다고 할 수 있는가? 통신사 기록을 조사하면 간단히 사실을 확인할 수 있을 것이다. 대략이란 단어를 쓰게 되면 그 연구는 사망선고를 받은 것과 마찬가지이다. 확신하건대, 통신사 기록 중에서 쇼오군 취임과 일치하는 것은 극소수일 것이다. 대략이란 말이 바로 그 증거이다. 전체 기록을 토대로 기술하게 되면, 조선사절이 쇼오군 교체 때마다 축하하기 위해 도일했다는 기술을 할 수가 없다. 그러나 대략이란 표현을 쓰게 되면, 그런 견강부회가 가능함을 계산한 것이다. 이 '대략'이란 말은 '교토삼굴(狡兔三窟)'의 태도로 일관하는 일본 역사학계의 본심을 보여주는 전형적인 증거이자 족쇄다. 이 또한 이의 제기가 있을 것을 염두에 두고 기술한 간교하기 짝이 없는 수법인 것이다.

다섯째, 조선 측은 이러한 통신사 파견을 대등한 '교린'외교로 규정했지만, 에도막부는 사절의 내일(來日)을 쇼오군에 대한 조선국왕의 조공으로 선전했다고 기술하고 있다. 과연 이러한 역사 서술이 인쇄할만한 가치가 있는 것인가? 도대체 맞는 것도 아니고 그렇다고 틀린 것도 아니라는 말이다. 한국과 관련한 일본 학계의 이러한 접근방식에 경악할 뿐이다. 간교하다는 말도 부족하다. 간악하기 짝이 없다.

위 문장의 의미를 해석해 보면 이렇다. 본래 일본과 조선의 외교관계는 대등한 '교린'외교는 아니다. 그런데 조선에서는 이것을 군이 '교린'외교라고 강변한다. 그렇지만 에도막부는 사절의 내일(來日)이 조선국왕의 조공이라고 여기저기 자랑했다는 것이다. 이제 확실해진 것이다. 이 부분을 서술한 자는 당시 조선과의 외교는 '교린'외교가 아닌 '조공'외교라고 보는 것이다. 이 문장을 처음에 보았던 것처럼 대강 읽으면, '교린'도 아니고 '조공'도 아닌 엉터리 기술인 것처럼 보인다. 하지만 정밀하게 판독해 보면, 이들이 집요한 의도를 교묘하게 위장하여 주장하고 있음을 알 수 있다. "…규정했지만"이라는 단어에 아주 음험한 비밀장치를 숨겨놓고 있는 것이다.

이것만이 아니다. 설령 한국의 역사학자들이 일본 역사학계의 간악한 흉계를 밝혀내어 비판한다고 하더라도, 이미 저들은 그야말로 '선전'의 목적을 충분히 달성한 뒤이기 때문에 손해 볼 것이 없다. 반면에 조선국왕이 막부 일개장군의 취임 때마다 사신을 보내어 축하했다는 사실과 관련된 왜곡 하나로, 조선국왕으로 상징되는 한국의 국가적 위신과 명예는 씻을 수 없는 상처를 입게 되는 것이다.

부끄럽고 두려운 일이 아닐 수 없다. 나는 일본사를 거의 처음 보는 셈이다. 불과 몇 쪽 읽지도 못했는데 이 지경이니 나머지는 더 말해 무엇 하겠는가? 잇몸이 아파서 더 읽지를 못하겠다. 우리나라의 역사학자들은 도대체 어디서 무엇을 하고 있는지 궁금하다. 역사나 역사 연구의 동향에 대해 잘 모르기 때문에 하는 소리이다. 답답하니까 하는 소리이다. 나는 우리나라 역사학자들이 애쓰고 있다고 믿는다. 지금부터라도 학계는 물론 우리 국민이 단단한 각오로 나서서 일본 역사학계의 간악한 작난(作亂)을 하루라도 빨리 근절할 수 있게 되기를 갈망하고 갈망한다.

끝으로, 2차대전 당시 독일의 히틀러는 동맹국이었던 일본을 말할 때 으레 '원숭이 같은 족속'이라고 비웃었다는 말을 들었다. 어금니 아끼듯 아껴야 할 동맹국을 상대로 해서 히틀러가 왜 그런 말을 했는지 이제 조금 알 수 있을 것 같다. 일본의 역사학계는 거짓학문의 세계에 들어가 금단의 열매를 독식하는 즐거움에 빠져 있는 꼴이다. 그 단맛에 취해 사실과 진리의 큰길을 외면하고도 잘못인 줄 모르고 있는 것이다. 거짓은 거짓을 낳게 마련이고, 언젠가는 필연코 자기파멸로 끝이 나게 마련이다. 일본이 거짓세계를 벗어나 큰길로 나와 정정당당하게 걸어다니고, 또 상처를 입지 않기를 바란다. 하는 짓은 괘씸하기 짝이 없지만, 그래도 이웃나라 사람인데 적어도 이런 정도의 아량은 베풀 수 있어야 하지 않겠는가!

## 사쓰마야키의 심수관 옹을 만나다

2009년 7월 5일 일요일(음력 윤5월 13일)

심수관 옹과 함께 기념촬영
왼쪽부터 김영선, 근이재, 심수관 옹, 아내, 허봄안, 윤중근

오늘은 미야마(美山)에 있는 심수관요(沈壽官窯)를 찾아가기로 했다. 아내는 다구(茶具)나 차(茶)에 관심이 많다. 그러니 일본 뿐만 아니라 세계적

으로 유명한 도자기인 사쓰마야키(薩摩燒)의 본산이 지척에 있는데 그냥 지나칠 수는 없지 않은가! 나 또한 심수관요의 사쓰마야키에 대해서는 이야기를 많이 들었기 때문에 언제든 한번 찾아볼 생각이었다. 다만 나는 아내와 같이 '차 선생'은 아니기 때문에 찾아가는 목적은 서로 다르다고 할 수 있다. 나는 도자기보다 단지 미야마의 산과 들, 시내, 나무, 돌, 바람, 집이나 마을 등 그런 것들을 보는 것만으로도 족하다. 혹 도공의 이야기를 들을 수 있으면 더 좋고…

황정훈 군은 수업이 많아 동행하지 못했다. 대신 유학생 중에서 윤중근 군과 허봄안, 김영선 양이 같이 가게 되었다. 출발은 예정보다 좀 늦어져서 10시 30분이 다 되어서 길을 나서게 되었다. 게다가 네비게이션 작동법이 미숙하여 길을 제대로 찾지 못하는 바람에 시간이 지체되었다. 학생들은 오랜만에 여행길에 나선 것이 마냥 즐거운 모양이다. 운전사가 고생하는 것은 아랑곳 없다. 도와줄 생각은 하지도 않는 것 같다. 실망스럽긴 했지만 내색은 하지 않았다. 어쨌든 11시 30분이 다 되어서 도향(陶鄕) 미야마에 무사히 도착할 수 있었다.

미야마는 야트막한 산으로 둘러싸여 아늑한 느낌을 주는 작은 마을이었다. 세계적으로 명성을 떨치고 있는 사쓰마야키의 본 고장 도요지라는 사실이 믿어지지 않을 만큼 마을은 조용하였다. 그러나 미야마는 겉으로 보이는 것과 달리 조용한 마을만은 아니다. 미야마는 임진왜란 때 납치돼 온 조선의 도공들이 개척한 마을이다. 마을의 내면 깊은 곳으로는 고단한 역사의 아픔과 소용돌이가 아직도 흐르고 있을 것이다. 그렇기 때문에 미야마의 사쓰마야키는 흙으로 빚은 도자기에 불과하지만, 그릇의 세계를 넘어선 그 이상의 것이 담겨져 있다고 봐야 할 것이다. 사쓰마야키에는 오랜 인고의 세월을 견뎌낸 조선 도공의 혼이 살아있다. 사쓰마야키는 조선 도공의 한과 삶이 승화되어 이루어진 결정(結晶)이다.

지금까지 400년 전의 마을 모습이 그대로 남아 있는 것은 아니겠지만, 미야마는 납치된 조선 도공의 기구한 사연으로부터 시작된 마을이다. 그래서 그런지 산 밑으로 펼쳐진 논과 밭과 집들이 한국의 여느 시골마을과 닮았다. 집 뒤의 우거진 숲은 마을의 분위기를 한적하다 못해 고적하게 만들고 있다. 문득, 숲 속을 오르내리는 흰 옷을 입은 도공들의 환영이 보인다. 7월의 뜨거운 햇빛 때문이 아니다. 시간의 영원한 현재성에 아련한 현기증이 인다. 저토록 무성한 숲 속을 헤매어 도자기를 구울 수 있는 흙을 찾아냈구나! 얼마나 힘들었을까? 흙을 찾으며 도자기를 구우며 무슨 생각을 했을까? 하는 일들은 생각한 대로 이뤄졌을까? 고향 생각이 나면 어떻게 했을까? 언제까지 고향 생각을 하고 살았을까?

미야마에는 수십 개도 넘는 도요(陶窯)가 있지만, 사쓰마야키를 대표하는 심수관요가 가장 유명하다. 심수관요의 역사는 400년이 넘는다. 심수관요의 제1대는 조선 도공 심당길(沈當吉)이다. 심당길은 1597년 정유왜란 때 왜적(倭賊), 정확하게 말하면 사쓰마의 시마즈 군에게 남원에서 납치되어 80여명의 도공과 함께 이곳으로 끌려왔다. 이들이 처음에 정착한 사쓰마의 해변은 농사도 짓기 어려운 황무지였다. 조선에서부터 본업이 도자기 굽는 일이었던 만큼, 이들은 연명을 위해 농사를 지으면서도 새로 가마를 만들고 백자를 구울 흙을 찾아 나섰다. 그러나 철분이 많은 화산재로 덮여있는 큐우슈우에서 백토를 구한다는 것은 여간 어려운 일이 아니었다.

하는 수 없이 당시 일본 도공들이 만들고 있던 것과 같은 철분이 많아 검은 빛을 띠는 흑자기와 질그릇을 만들게 되었는데, 이로 인해 일본 도공들의 질시와 박해가 더욱 심해진다. 이와 같이 온갖 고초를 견디며 백토를 찾아 헤맨 끝에 나에시로가와(苗代川)에서 백토를 찾아내게 된다. 1603년에 심당길 등 납치된 조선의 도공들은 마침내 집단탈출을 감행하여 나에시로가와에서 새 삶의 터전을 마련하게 된다. 이 뒤로 조선 도공들의 비참한 생활상을 알게 된 사쓰마 번의 시마즈가에서도 이들에게 사무라이 신분을 인정하고 보호해 주게 되었다. 이렇게 해서 오늘날 사쓰마야키로 이름난 도향 미야마의 역사가 시작된 것이다.

임진왜란을 도자기 전쟁이라고 말하는 경우도 있다. 왜적이 중국의 경덕진(景德鎭)과 더불어 당시로서는 세계 최첨단 기술을 구사하던 조선의 도자 기술을 탐내서 도발한 전쟁이라고 보는 것이다. 수 많은 조선의 도공들이 납치되었던 것도 다 이런 까닭이 있었기 때문이다. 사쓰마야키 뿐만 아니라 일본 제일의 도요지가 된 아리타야키(有田燒)도 납치된 조선 도공에 의해 이뤄진 것이다. 왜적이 조선으로부터 도둑질한 첨단 도자 기술은 후일 일본의 근대화에 한 몫을 담당하게 된다. 근대 초기 사쓰마 번은 심수관요의 사쓰마야키를 통해 유럽에 그 존재를 각인시킬 수 있었던 것이다. 이후 서양과의 교역을 통해 막대한 이익을 얻게 된 사쓰마는 어렵지 않게 일본 제일의 웅번이 될 수 있었다. 이러한 사쓰마의 자신감은 명치유신까지 이어져 전 일본의 근대화를 이끄는 견인차가 될 수 있었던 것이다.

조선 도공들의 기구하고 슬픈 삶에서 비롯된 사쓰마야키는 오히려 그들을 유린하였던 사쓰마 번의 성공에 커다란 밑거름이 되었으니 역사의 아이러니가 아닐 수 없다. 경술국치는 어떤가? 왜적들이 조선으로부터 도둑질한 기술이 끝내 그 도적들에게 도움이 되어 또 다시 주인을 더욱 핍박하게 된 셈이 아닌가! 지나친 논리의 비약이라고 할지도 모른다. 하지만 나는 그렇게 보지 않는다. 이론으로 말하는 역사나 책으로 보는 역사만 있는 것이 아니다. 책이나 이론이 으스대는 거대담론에 옮겨 담지 못하고 역사의 현장에 남겨진 채, 과거의 늪으로 소멸되어가는 작은 것들 하나에도 다 그만한 이유는 있는 법이다. 아무리 스케일이 큰 거대담론이라 하더라도 역사의 실체를 있었던 그대로 다 전하지 못하는 점에 있어서는 작은 것들과 마찬가지이다. 작아서 잘 보이지 않는다고 해서 부스러기로 치부하여 버리면 안 된다.

각설하고, 꼬리를 무는 복잡한 생각을 멈추고 작품 전시관에 들어갔다. 접수대 옆의 조그만 책상 앞에서 한 노인이 글씨를 쓰고 있었다. 제14대 심수관 옹이다. 처음이지만 한 눈에 알아볼 수 있었다. 먼저 들어온 학생들이 진열된 도자기를 구경하고 사진 찍기에 여념이 없다. 내가 학생들을 제지한 다음, 심 옹이 글씨를 다 쓰기를 기다려서 인사를 나누었다.

심 옹이 차를 마시자고 하며 앉기를 권한다. 자리에 앉은 다음 우리 일행을 일일이 소개하였다. 통역은 허봄안 양에게 부탁했다. 심 옹과 차를 마시며 30분 정도 이런 저런 이야기를 나누었으며, 기념 촬영도 했다. 기념 촬영을 마친 뒤에 심 옹은 일정이 있다고 하며 자리를 떴다. 심 옹은 현재 대한민국 명예총영사라고 한다. 사랑채에는 대한민국 명예 총영사라는 현판도 있고, 대문 앞에는 일장기와 함께 태극기도 게양하고 있다. 이렇게 바쁘고 귀하신 분이 우리 같이 평범한 사람들에게 무려 30분 이상 시간을 내어준 것에 감사하다는 인사를 하였다.

사실 우리는 방문한다는 기별을 한 것도 아니고, 또 기별을 할 만큼 비중이 있는 손님도 아니다. 특별한 업무가 있는 것도 아니다. 그저 단순한 관광객일 뿐이다. 기별을 했다고 하더라도 이처럼 여유롭게 대화를 나눌 만한 시간이 있을지도 모르는 일이다. 아무 생각 없이 갔는데 운이 좋았다. 마치 심 옹이 우리를 기다리고 있었던 것처럼 되었다. 어쨌든 심수관 옹을 만난 것은 참으로 기쁜 일이었다. 귀한 분과 이야기를 나누고 차를 마시고 사진을 같이 찍었다고 해서 자랑스러운 것이 아니다. 자기 분야에서 세계 최고의 경지에 도달한 거인을 직접 만나 차를 마시며 이야기를 듣는다는 것은 몇 권의 책을 읽은 것 이상의 경험이라고 나는 믿는다. 나보다도 우리 젊은 유학생들이 그런 기회를 가질 수 있었다는 것이 더욱 흐뭇하였다.

심 옹은 젊은 시절에 도자기 공부를 하려고 한국에 갔다고 한다. 심 옹은 400년 전의 고향인 한국을 방문하였을 때를 회상하면서 감개무량해 했다. 그때 심 옹이 경험하였던 도공과 감나무에 대한 이야기를 해 주었다. 도공과 감나무에 대한 심 옹의 이야기에서는 평범하면서도 듣는 사람의 마음을 묵직하게 울리는 어떤 힘이 느껴졌다.

심 옹은 한국의 어느 도자기 가마 근처에 감나무가 많이 있는 것을 보았는데, 왜 그럴까 궁금해서 알아보았다고 한다. 감은 당분이 많아 피로회복에 좋고, 따라서 감나무는 힘든 일을 하는 도공에게 매우 고마운 존재였을 것이다. 그래서 가마에 불을 지필 때도 감나무는 때지 않게 되었고, 자연스럽게 그 가마 주변에는 감나무가 많이 남게 되었을 것이라는 이야기였다. 담담하게 전하는 심 옹의 이야기를 들으며, 나는 그가 가난한 도공의 삶과 장인정신에 대해 말하려고 하고 있음을 느낄 수 있었다.

'도공과 감나무' 얘기를 마친 다음, 심 옹은 우리 일행 다섯 모두에게 일일이 근황을 묻고 또 각자에게 꼭 맞는 격려의 말을 빼놓지 않는다. 실제로는 10년도 더 넘게 젊어 보이는데, 86세라는 나이가 무색한 기억력이요 저절로 우러나오는 세련된 배려다. 온화하고 자상한 이웃집 할아버지 같은 풍모에서는 권위라든가 위압감과 같은 것은 냄새도 나지 않는다. 심 옹의 정신세계는 잡티 하나 없는 흰 비단을 닮았다는 생각이 들었다.

이어서 궁금한 것이 있으면 물어보라고 한다. 심 옹이 말하는 중에 '가마(窯)'라는 말이 많이 나왔다. 한국에서 도자기 굽는 시설을 가마라고 하는데, 혹시 일본에서도 가마라고 하는지 궁금하여 물었다. 일본에서도 가마라고 하며, 이 말은 조선의 도공들이 사용하던 그대로 일본에서 쓰게 된 것이라고 한다. 결국 일본의 도자기 문화나 산업은 조선 도공을 납치한 뒤로부터 획기적으로 발전하게 되었음을 알려주는 것이다. 스에(須惠)라는 말에 대해서도 심 옹이 이런 취지의 이야기를 하는 것 같았는데, 제대로 알아듣지를 못했다.

심 옹이 앉은 자리 뒤편에 있는 글귀에 대해서도 물어보았다. 정확하게 통역이 되었는지는 모르겠지만, 아마 최근 자신의 심경이나 생활철학을 적어놓은 것이라 말한 것 같다. 그의 좌우명이 아닌가 생각된다.

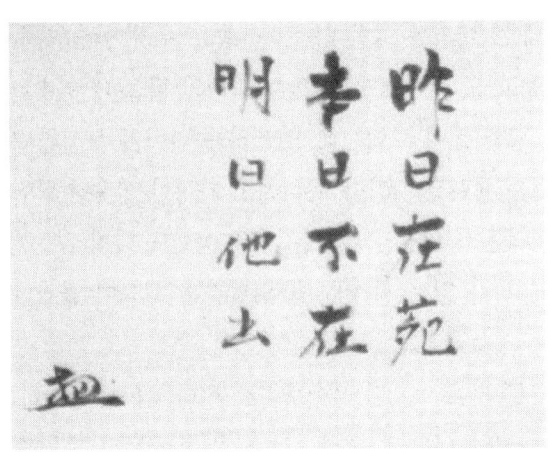

심 옹의 좌우명(?)

어제는 동산에 있었고(昨日在苑)
오늘은 자리에 있지 않으며(本日不在)
내일은 다른 곳에 간다(明日他出)

세속에 얽매이거나 집착하지 않고, 자연을 가까이 하며, 유유자적하는 평이한 삶을 지향하는, 어쩌면 도가적인, 그러면서도 중심이 흐트러지지 않는 심 옹의 마음가짐이 잘 나타나 있다. 심 옹의 설명을 들으면서 '매일여여(每日如如)'라는 말이 그 아래에 있으면 좋겠다는 생각이 들었다. 매일여여(每日如如)는 말하자면 '늘 한결같이 그렇게 지내기 바란다'는 의미의 덕담이다. 이런 덕담은 스스로는 말하는 것보다 다른 사람이 하는 것이 제격이다. 하지만 제대로 통역이 될 것 같지 않아 그만 두었다. 일본어가 좀 나아진 뒤에 여기를 들르게 되고, 다시 심 옹을 만나게 된다면, 이번에 해주지 못한 매일여여(每日如如)라는 덕담을 꼭 전하고 싶다.

## 독코다이 카(특공대 모기)

2009년 7월 29일 수요일(음력 6월 8일)

애~앵~ 칠흑 같은 어둠 속으로 적기의 엔진 음이 들린다. 적기의 출현을 알리는 초병의 외침에 이어 요란하게 비상벨이 울린다. 함 내의 모든 수병들은 잠자리를 박차고 일어나 전투태세에 돌입한다. 적기의 위치를 포착하기 위해 초고감도 레이더가 바쁘게 선회한다. 계기판에 점멸하는 적기의 궤적을 추적하여 조명탄을 쏘아 올린다. 선수에서부터 선미까지 모든 방공시스템을 완전 가동한 다음 적기를 격추하기 위해 집중 포화를 퍼붓는다.

갑작스런 적의 내습에 처음에는 우왕좌왕하기는 했지만, 곧 전열을 가다듬고 대공포의 전 화력을 집중한 결과 얼마 지나지 않아 일개 편대에 불과한 적기는 모조리 격추되었다. 하지만 야음을 틈탄 기습공격인데다 워낙 결사적인 공격이었기 때문에 최초에 있었던 적기의 돌진을 피할 수가 없었다. 선미와 비행갑판 등 두 곳이 선체의 강판이 찢어진 채 화염이 치솟고 있다. 1시간 가량 진행된 진화작업으로 피해는 대강 복구되었으며, 부산하던 수병들의 고함소리도 잦아들었다. 다행히 추락한 적기가 연료탱크와 폭약저장고는 비껴갔기 때문에 피해는 아주 경미한 수준에 그친 것 같다.

가고시마의 여름은 덥다. 바닷가라서 습도가 높으니 더위는 가중된다. 나는 에어컨을 사용하지 않기 때문에 문을 열고 잠을 자야 하는데, 제일 성가신 것이 모기이다. 가고시마의 모기는 더 독한 것 같다. 모기가 앉은 것을 보게 되었을 때는 이미 늦은 것이다. 금새 그 자리가 부어오르고 가렵다. 그래서 나는 가고시마의 모기를 '독코다이 카(특공대 모기)'라고 명명했다. 가고시마에는 가미가제 특공대를 기념하는 소위 특공평화회관이 있다. 가고시마는 특공대의 본 고장이고, 수 많은 일본인들이 상기된 표정으로 빼놓지 않고 순례하는 곳이다. 그러나 한갓 모기가 무슨 의식이 있겠는가? 단지 특공대를 영웅시하는 이곳의 분위기 때문에 그런 느낌이 드는 것일 뿐이다.

한국에 있을 때는 몰랐는데, 유난히 모기가 나에게만 집중적으로 달려드는 것 같다. 여럿이 있는 자리에서는 그런 현상이 확연히 드러난다. 혹시 내가 가미가제 특공대를 영웅시하는 일본인의 심리를 꼬집어 잘못이라 말하기 때문에 그러는 것인가? 우리 유학생들이 나보고 그런 썰렁한 우스갯소리는 하지 말라며 웃는다.

지식검색을 해보니 모기는 인체에서 나오는 열기와 이산화탄소, 땀에 들어있는 지방산 등의 화학물질에 본능적으로 반응하는 양성주화성(陽性走化性)이 있다고 한다. 그래서 대사기능이 좋은 건강한 사람에게 잘 달려든다는 것이다. 아마 여기 온 뒤로 더욱 건강해져서 그런가 보다 했더니 학생들이 그게 맞을 거라고 한다.

어젯밤에도 '독코다이 카'의 기습은 있었지만 항공모함이 입은 피해는 아주 경미했다. 작전수행에 차질은 없을 것이다. 특공대 모기의 특징은 의식과 사고는 없고 본능에만 충실하다는 점이다. 그렇기 때문에 아마 오늘도 틀림 없이 기습해 올 것이 예상되지만, 역시 별로 걱정할 것은 없다. 두 날개를 파닥이며 막무가내로 달려드는 가고시마의 '독코다이 카'를 보면서, 나는 문득 미 해군 항공모함에 돌진하던 가미가제 특공대의 제로 전투기를 꼭 닮았다는 생각이 든다. 본토의 함락이 시간문제가 되면서 일본 대본영은 인류역사상 전무후무하고 잔악무도하기 짝이 없는 전법을 구사하는데, 그것이 바로 가미가제 특공대였던 것이다.

그러나 기껏해야 1톤 남짓한 제로 전투기 몇 대로 5만 톤이 넘는 항공모함을 어떻게 당할 수 있단 말인가! 모기 몇 마리가 과연 나를 어떻게 할 수 있겠는가? 한두 군데 물리면 조금 가렵기는 하지만, 내 잠 전체를 빼앗아 갈 수는 없지 않은가 말이다. 태평양전쟁 당시 일본 대본영이 이처럼 쉬운 이치를 몰랐을 리 없다. 그런데도 쌍시류(雙翅類) 곤충의 무모한 날개짓에 불과한 만행을 저질렀다. 승전과 자기확장의 본능적 촉수에 마비되어 인간적인 감정이나 의식은 증발되어 버렸기 때문일 것이다.

내일 밤에도 '독코다이 카'는 비행을 멈추지 않을 것임을 확신한다. 그런데 일본열도의 '독코다이'의 행보에 대해서는 잘 모르겠다. 언제 한 번 물어봐야겠다. 일본 사람에게. 그렇다. 일본의 '사람'에게 물어봐야겠다.

## 일본의 미래가 무섭다

**2009년 8월 15일 토요일(음력 6월 25일)**

오늘은 8월 15일 광복절이다. 침략의 원흉(元兇)인 왜적(倭賊)의 땅 일본에 와서 맞이하는 광복절인지라 다른 때보다 더 감회가 복잡하다.

우리는 8월 15일을 광복절(光復節) 즉, '빛을 다시 찾은 날'이라 한다. 같은 날이지만 일본에서는 종전기념일이라고 하는 것 같다. 무리한 전쟁을 벌인 일본이 무조건 항복을 선언한 패전일이지만, 그런 의미가 드러나지 않는 가치중립적인 개념으로 종전기념일이라는 용어를 선택한 것이다. '항복' 또는 '패전'이라는 말을 쓰기 싫은 것이다.

이런 용어의 사실과의 적부(適否) 등을 따지는 것은 간단한 일이 아니므로 지금 당장 다 얘기하기는 어렵다. 오늘은 이 문제와 관련된 소박한 희망 하나를 생각해 보았다. 현재 우리가 사용하고 있는 이런 용어들의 의미만이라도 지킬 수 있게 되었으면 좋겠다는 말이다.

광복절이란 말 속에는 다시는 빛을 잃지 않겠다는 다짐이 들어있다고 본다. 우리 모두가 그런 다짐을 지키기 위해 명심하고 노력해야 한다.

종전기념일(終戰紀念日)이란 말 속에는 전쟁이 싫다, 전쟁이 끝나서 기쁘다, 다시는 전쟁이 없었으면 좋겠다는 그런 의미가 들어있다고 볼 수 있다. 전쟁을 승패의 관점으로 보지 말고 인도주의적 관점에서 보게 되기를 바란다.

하지만, 8월 15일을 전후로 하여 이곳의 방송매체에서는 거의 천편일률적으로 히로시마와 나가사키에 투하된 원자폭탄의 피해와 참상에 관해 보도하고 있다. 군국주의 일본이 다른 나라들에게 저질렀던 원자폭탄보다 더 잔인하고 끔찍한 만행이나 침략행위에 대해서는 일언반구도 언급하지 않는다.

참으로 무서운 일은 일본의 미래를 살아갈 2세들에게 역사의 사실과 진리를 말해주지 않는다는 것이다. 이것보다 더 무서운 것은 없다. 객관적 사실과 진리에 눈을 감은 일본의 미래가 무섭다.

## 일본 신화의 고장 다카치호(1)

2010년 1월 24일 일요일(음력 12월 10일)

지난 16일과 17일 양일간에 걸쳐 홍진욱, 전현미 동지와 같이 미야자키 현의 다카치호 시와 구다라노사토(百濟の里) 지역을 둘러보고 돌아왔다. 여행길이 늘 계획대로 술술 풀리는 것은 아니다. 다카치호로 가는 길에 구다라노사토를 찾아가면서 이름도 모르는 산중과 협곡에서 겪었던 어려움은 결코 잊을 수 없는 추억이 되었다. 아마 홍 군이나 전 동지도 동감할 것이다.

맛 좋은 여행의 여운이 식기 전에 보고 들은 것들을 정리하려 했지만, 이럭저럭 며칠이 지나고 말았다. 늦은 대로 시작하였는데, 다카치호의 일본 신화에서 막혀 진도를 나갈 수가 없다. 관광안내소의 자료만으로는 부족하여 우선 급한 대로 인터넷 공간을 표류하며 이것저것 훑어보았다. 그런데 서로 다르게 기술된 것이 많았으며, 어느 것이 정확한 것인지 판단하기도 어려웠다. 고사기(古事記)와 일본서기(日本書紀)를 보았더니 이젠 아예 머리에 쥐가 날 정도이다.

미야자키와 기리시마는 일본 건국신화의 고장으로 유명하다. 미야자키에는 다카치호 시가 있고, 기리시마에는 다카치호 산이 있다. 미야자키의 다카치호에는 일본 천황의 조상이라고 하는 아마테라스 오오카미(天照大神) 등 수 많은 신들의 이야기가 전해지고 있다. 기리시마의 다카치호 산자락에는 일본 건국을 위해 이곳에 내려왔다는 니니기노미코토(瓊瓊杵尊)의 전설과 함께 기리시마 신궁이 있다.

기리시마는 두어 번 갔으나 매번 온천욕을 하거나 신사를 보는데 그쳤고, 다카치호 산에는 아직 가보지 못했다. 이번에는 미야자키의 다카치호 일대를 둘러보았으므로 이곳에 관련되는 일본 기기신화(記紀神話) 중에서 천손강림 신화만이라도 제대로 알아보고 싶었으나 참으로 요령부득이었다. 여기저기서 주워들은 것을 꿰어 맞춰 보았는데, 얼추 짐작이나 한 것인지조차 모르겠다.

아마테라스오오카미의 후손인 니니기노미코토(邇邇藝命)가 히무카(日向)에 있는 다카치호(高千穗)의 쿠지후루타케(久士布流多氣) 봉우리로 내려왔다고 한다. 거울, 구슬, 칼 등 3종의 신기를 가지고 있었으며, 5부족과 함께 사루타비코노카미(猿田毘古神)의 길 안내를 받아 내려왔다는 것이다. 니니기노미코토가 처음 휴가(히무카)에 내려와 자리를 잡을 때, "이 나라는 카라쿠니를 향하고, 가사사의 곶과도 바로 통하고 있어, 아침 해가 바로 비치는 나라, 저녁 해가 비치는 나라이다. 그러므로 여기는 정말 좋은 곳이다"라 하였으며, 그의 손자 때까지 여기에 살았다고 한다.

그 후 니니기노미코토의 손자인 아마쓰히코히코나기사타케우카야후키아에즈노미코토(天津日高日子波限建鵜葺草葺不合命)가 동쪽으로 진군하여 야마토 지방을 정복하고, 가시하라궁(橿原宮)에서 제1대 진무천황(神武天

皇)으로 즉위했다는 것이다. 현재 일본에서는 1966년 관련법을 제정하여 2월 11일을 건국기념일로 삼고 있는데, 이날이 바로 신화에서 말하는 진무천황의 즉위일이라고 한다.

이러한 신화를 배경으로 하는 것이 '다카치호의 요카구라(夜神樂)'이다. 일본의 중요무형민속문화재로 지정된 요카구라는 그 해의 수확에 감사하고 다음 해의 풍작을 기원하는 전통문화로 자리를 잡게 되었다. 11월말부터 2월 중순까지 33번의 춤과 의식을 밤부터 다음 날 새벽까지 치른다. 최근에는 "관광 요카구라"를 따로 마련하여 연중무휴로 매일 밤 8시부터 9시까지 1시간 동안에 걸쳐 공연한다. 요카구라를 꼭 보고 싶었는데, 우리가 8시가 넘어서 도착하였기 때문에 보지는 못했다.

공연은 4부분으로 구성되어 있는데, 아마테라스오오카미를 힘으로 아마노이와토의 바위굴 속으로부터 끌어내는 타지카라오의 춤(手力雄の舞)으로부터 시작된다. 아마테라스를 즐겁게 해주는 우즈메의 춤(鈿女の舞)과 아마테라스가 세상을 비추도록 붙잡아 두는 토토리의 춤(戶取の舞)이 이어지며, 끝으로 술을 마시며 축제분위기를 고조시키는 고신타이의 춤(御神體の舞)을 공연한다고 한다.

다카치호 시내를 걸으면서 신도 참 많다고 생각했다. 도대체 신이 몇 명이나 되는 것일까? 어떤 자료를 보니 800만 신이라고 되어 있었다. 800만 신이라는 것도 정확한 숫자라기보다 신이 무수히 많다는 의미인 것 같다. 일본에서 가장 흔한 것 중의 하나가 카미(神)요 진쟈(神社)이다. 거의 사람들이 신는 신발과 같은 수준이라고 보아도 무방하다. 앞으로 일본의 인구는 현재 수준을 유지할 것으로 보인다. 하지만 신은 계속해서 만들어지고 있기 때문에 조만간에 신이 인간보다 많아지게 될 것이다. 그렇게 되면, 상황이 역전되어 인간이 신을 존중하는 것이 아니라, 신이 인간을 존중하게 될 지도 모른다.

위에서 니니기노미코토가 말한 '카라쿠니'는 가야 또는 한반도의 어떤 나라를 가리키는 것이 아닐까 생각된다. 기리시마 렌잔(連山) 최고봉의 이름을 '카라쿠니다케'라고 이름 지은 것과도 무관하지 않은 것 같다. 근래에는 이유는 알 수 없으나 이곳 사람들이 '카라쿠니다케'의 이름을 한국악(韓國岳)으로 고쳐 부르고 있다. 신화는 상식적으로는 이해하기 어려운 허황된 이야기로 구성되었지만, 그 속에 어떤 역사의 비의(秘意)가 감추어져 있는지 궁금한 것도 사실이다.

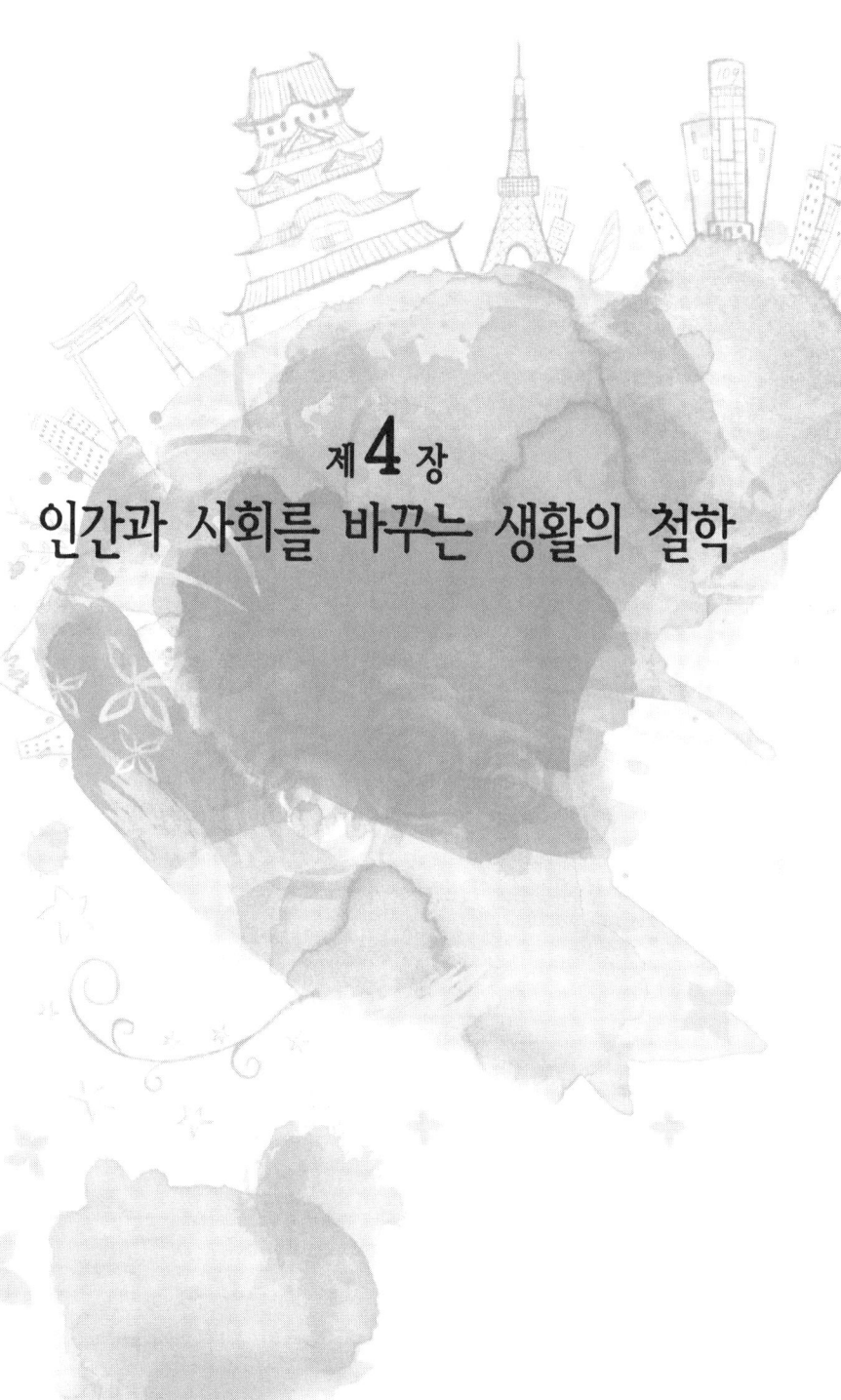

# 제4장
# 인간과 사회를 바꾸는 생활의 철학

# 일거다득(一擧多得)의 음식문화를 기다린다

2009년 4월 10일 금요일

어제 쏟아진 화산재 분진 때문에 온 천지가 재투성이로 변했다. 바람이 불거나 자동차가 지나가기만 해도 화산재 먼지가 뽀얗게 날린다. 아침 산책도 포기하고 두문불출할 작정이었으나, 아주 그만두기가 아쉬워 바로 옆에 있는 가고시마 대학 수산학부 교정을 자전거로 서너 바퀴 돌았다.

숙소 바로 앞의 주차장에 세워진 차들도 모두 새카맣게 화산재를 뒤집어 쓰고 있었다. 비가 내리지 않으면 한 동안 먼지 속에서 살 수 밖에 없을 듯하다. 일기예보에 의하면 당분간은 비 소식도 없다. 다행인 것은 화산재가 온 천지를 뒤덮은 것에 비하면 먼지는 생각보다 심하지 않은 편이다. 화산재라 하지만 실제로는 재가 아니라 돌가루이다. 돌가루의 무게 때문에 먼지가 덜 날리는 것이다.

아침은 김칫국을 끓여서 밥을 말아 먹었다. 얼큰하면서 시원한 김칫국이 들어가자 속이 후련하고 편안해진다. 나라 상감도 부럽지 않다. 단표누항(簞瓢陋巷)의 삶이 방불(彷佛)하다 싶어 스스로 마음이 여유롭기만 하다. 게다가 이렇게 식사를 하면 설거지할 것도 없게 된다. 있다고 해도 세제를

화산재로 덮인 차

쓰지 않아도 된다. 그러니 손이 거칠어지지 않을 뿐더러 시간도 절약되고 돈도 적게 들고 환경에도 도움이 된다. 좋은 점이 한 두 가지가 아니다. 그야말로 일거다득(一擧多得)이 아닐 수 없다.

아침에는 입맛이 예민하기 때문에 설탕이나 기름 또는 조미료 등을 써서 억지로 맛을 낸 음식은 냄새도 맡기 싫다. 된장국이든 김칫국이든 음식 본래의 담백한 맛을 내는 것 한 가지만 있으면 그만이다. 더군다나 하루를 시작하는 아침부터 느끼하고 기름진 음식을 먹으면, 온종일 정신상태가 느끼하고 몽롱한 것 같다. 맑고 깨끗한 삶을 꾸리는데 도움이 되지 않는다. 이런 점이 어쩌면 원칙과 기본이 1차적인 것이고, 기교를 부리거나 재주를 뽐내는 것은 2차적인 것에 불과하다는 올바른 교육의 원리를 닮았다. 따라서 교육에 관심을 갖고 그 세계에 몸을 담고 사는 나로서는 그런 원리를 사소한 것 하나라도 생활의 현장에서 어기지 않고 실천에 옮기려고 노력해야 하는 이유가 된다.

화산재 때문에 화급한 일이 아니면 외출을 자제하고 있다. 종일 숙소에 갇혀 있자니 답답하다. 일본어 몇 가지를 사전을 찾아가며 공부한 것 같은데, 지금 다시 보니 하나도 모르겠다. 기억조차 나지 않는다. 외국어 공부가 쉽지 않으며, 또 꾸준하게 하지 않으면 안된다는 것을 절감하였다.

점심 무렵에 황정훈 군의 전화를 받았다. 한국 국제교육원에서 초청하는 일본유학생 모집과 관련하여 양병찬 교수가 보내온 메일을 확인해 보라 한다. 메일을 보니 시간이 촉박하여 내일로 미룰 수 없는 일이었다. 분진을 무릅쓰고 황 군과 같이 학교에 가서 고바야시 교수를 만나 상의하였다. 가네코 교수에게는 관련 문서 파일을 출력하여 자세한 내용을 설명하고 협조를 부탁하였다.

일을 마치고 숙소로 돌아오는 길에 황 군이 권했던 국제전화카드를 샀다. 다이소에 들러 비망록으로 쓸 노트도 사고 설거지용 고무장갑도 샀다. 손에 물을 많이 묻히게 되자, 불과 일주일도 안 돼서 손에 이상을 느끼게 되었기 때문이다. 조물주가 왜 여자의 손을 남자의 손보다 물에 강하도록 그처럼 보드랍고 곱게 만들었는지 내 몸으로 직접 실감하게 되었다. 조물주의 주도면밀한 섭리의 세계에 다시금 탄복하지 않을 수 없다.

저녁은 무생채를 만들어 비벼 먹었다. 반찬은 절인 고추 몇 조각, 장조림 3조각, 멸치볶음 2젓가락, 가미하지 않은 김 몇 장으로 하였다. 모범적 음식문화는 먹을 만큼만 차리는 데서 시작되고, 음식물 쓰레기를 남기지 않는 설거지에서 끝이 나는 것이다. 모범적인 음식문화의 가장 큰 적은 쓸데없이 음식을 많이 차리는 것이다. 많이 차려서 다 먹으면 과식하게 되고, 덜 먹으면 쓰레기가 많이 남기 마련이다. 과식하면 살이 찐다. 살이 찌면 건강에 해롭다. 살을 빼려고 헬스클럽이라도 다니게 된다면, 그것처럼 비경제적인 살림살이가 어디 있겠는가! 쓰레기가 많이 남아도 비경제적이고 환경에 해로운 것 또한 불문가지이다.

저녁식사를 마친 상태

저녁 식사후 새로 산 국제전화카드로 아내에게 전화를 걸었다. 어머니께도 전화를 걸었다. 두 분이 다 같이 반기시며 걱정도 빠뜨리지 않으신다. 아주 잘 지내니 걱정하지 마시라고 말씀 드렸다. 통화 도중 아주 약한 수준이지만 지진 현상이 있었다. 이곳에 와서 처음 실감하게 된 지진이다. 어머니께는 어제 있었던 사쿠라지마의 대폭발이나 오늘의 지진에 대해서 말씀 드리지 않았다. 그나저나 잔뜩 쌓인 빨래감은 언제나 빨아 널 수 있게 될 것인지…

# 느리게 사는 삶

2009년 4월 13일 월요일(음력 3월 18일)

아침에 잠에서 깨어 커튼에 비친 햇살을 보면서 문득 느리게 사는 삶을 생각해 보았다. 맑은 햇살이 눈부시게 아름다운 아침이다. 욕심 부리지 말고 천천히 가자. 서두르지 말고 두루두루 살피면서 천천히 가자. 나만 말고 세상도 좀 보면서 가자.

빛나는 긴코왕(錦江灣)의 아침

느리게 사는 삶

빨리 가든
느리게 가든
주어진 길이야
꼭 그만큼인 것을
그런 이치도 모르고
앞만 보고 내달리고
저만을 위해 악착하다면
너무 딱하지 않은가
섬광보다 빠른
하루살이 인생이

아침 산책은 바닷가 방파제로 갔다. 언제 봐도 금강만은 어머니를 닮았다. 억센 사쿠라지마를 달랜다. 아름다운 가고시마를 노래한다. 금강만의 넓은 품안으로 여객선 하나가 느릿느릿 제 길을 간다. 아침바다는 은빛 물길을 열어 그저 지켜볼 뿐이다. 나도 그렇게 한참 동안 서서 바닷바람을 마시고 돌아왔다.

사월 금강에
느린 여객선 하나
빛나는 아침

오전에 그 동안 미뤘던 책 보따리를 풀어 정리했다. 이제야 숙소도 어느 정도는 정돈이 된 것처럼 보인다. 의욕적으로 책을 여러 권 가져오기는 했지만 얼마나 보게 될지는 모르겠다.

점심 때 잠깐 대학에 갔었다. 오는 길에는 캠퍼스의 울타리를 따라 한 바퀴 돌아서 숙소에 왔다. 가고시마대학 교육학부는 생각했던 것보다 상당히 규모가 커 보인다. 캠퍼스 공간도 넓을 뿐만 아니라 부속 유치원, 소학교, 중학교가 다 같이 캠퍼스 안에 있었다. 캠퍼스 일대를 돌아보는 중 부속중학교 학생들이 학교 밖의 대로변의 인도(人道)까지 나와서 청소하는 모습을 보았다. 지식의 축적보다 습관의 형성이 더 소중하다는 사실을 알고 있다는 증좌이다. 실천을 중시하였던 시마즈 타다요시의 이로하 우타의 전통을 이어받았기 때문일지도 모른다는 생각이 든다.

청소하는 가고시마대학 부속중학교 학생들

오후에 고바야시 교수의 전화가 있었다. 인터넷 IP 주소가 나왔다고 한다. 전달도 할 겸 같이 저녁을 먹자고 한다. 거절하고 싶었지만 일본어를 할 줄 모르니 요령 있게 거절할 수가 없었다. 시간에 맞추어 약속 장소인 카와

싱(Kawashin)에 갔다. 고바야시 교수가 단골로 다니는 라멘전문점이다. 그러나 다행히 라멘은 시키지 않았고, 사시미를 비롯한 몇 가지 요리를 주문하여 술을 마셨다. 저녁을 먹고 일어설 무렵 황 군이 말하기를 고바야시 교수가 오늘부터는 식대를 베츠베츠(別別)로 하자고 한다는 것이다. 그렇지 않아도 나 또한 그것이 궁금하기도 하고 미안하기도 해서 물어보려던 참이었기 때문에 흔연히 그렇게 하자고 했다. 이곳에서는 어떤 경우이든 거의 베츠베츠로 한다. 식당에서 식대를 지불할 경우에도 베츠베츠와 잇쇼니(一緒に) 여부를 꼭 묻는다. 잇쇼니는 함께 지불한다는 의미이다. 잇쇼니라고 하면 대개의 경우 한국에서 왔냐고 되묻는다. 장단점은 있겠지만, 나는 잇쇼니보다 베츠베츠가 더 좋다.

문을 나서면서 고바야시가 자리를 옮겨 술을 조금 더 마시자고 한다. 피곤해서 쉬고 싶다 했으나, 치바 교수의 간청이라는 말에 하는 수 없이 따라 나섰다. 택시에서 내려 보니 무라자키 언덕에 있는 시요카(紫陽花)였다. 식당도 늘 다니는 곳만 다니는 것 같다. 손님들끼리도 잘 아는 것으로 보아 다른 손님들도 단골로 다니는 사람들인 것 같다.

시요카는 스시전문점인데, 2007년도에 방문했을 때도 들렀던 곳이다. 나는 그때 경이적인 와사비 실력으로 이 식당 사람들로부터 기립박수를 받았었다. 식당 주인도 기억하고 있는지 반갑게 인사한다. 이런저런 얘기를 하며 술을 마셨다. 물론 시마비징이다. 그런데 우리 얘기에 끼어들어 자리를 함께 했던 사람 하나가 한 동안 안 보인다. 이상하다 싶었는데, 치바 교수의 말로는 이 사람이 그 사이 가고시마 시내를 다 뒤져서 아주 지독한 와사비를 구해 왔다는 것이다.

새로 구해온 지독한 와사비로 완전히 덮은 사시미 한 점을 받아 천천히 입에 넣었다. 과연 지독하게 매웠다. 일본인들이 가장 힘들어 하는 와사비, 고추, 소금 등의 세 가지 맛이 동시에 작렬하도록 고안한 특제 와사비였다. 하지만 어쩌랴! 못 먹을 정도는 아닌 것을… 별로 맵지 않다고 하면서 '아리가토우 고자이마스'라고 인사를 건네자 이름도 모르는 도전자가 어이없다는 표정으로 '스고이'를 연발한다. 2007년의 제1차 와사비 경합에 이어 이번의 제2차 와사비 경합에서도 집요한 도전을 일축하게 된 셈이다.

자는 헤이조
곱게 웃는 미인도
이제는 그만

시간도 꽤 되었고 술기운이 제법 오른 고바야시가 자꾸 고개를 떨군다. 자리를 파하자고 하면서 읊은 하이쿠이다. 일본어로는 어떻게 되는지 모르겠다. 식대는 베츠베츠로 계산했는데, 아직은 손님 대접으로 내 부담액을 줄여주었다. 고마운 마음이다. 아무튼 술은 꽤 마셨던 모양이다. 기억이 나지 않을 정도는 아니지만, 여파가 이틀은 지속되었던 것 같다. 술은 다른 어떤 것보다 마음먹은 대로 조절하기가 어렵다. 그러니 조심하고 또 조심해야 한다. 쉽게 통제할 수 있는 것이라면 특별히 마음을 다잡아가며 조심하려고 할 필요도 없지 않겠는가?

## 정치(政治)는 정치(定置) 또는 정치(正置)다

2009년 4월 18일 토요일(음 3월 23일)

어제 저녁 야스베이 식당에서 정은선 양이 정치를 하고 싶다고 했다. 아침 산책 내내 그 생각을 했다. 한국의 정치를 생각하면 마음에 드는 것은 하나도 없고 화부터 난다. 앞길이 구만리 같은 청년이 그 더러운 진흙탕 속에 들어가고 싶다니 이런저런 생각이 많을 수 밖에 없었다. 저렇게 때 묻지 않은 젊은이들이 들어가게 되면, 혼탁한 정치판이 조금이라도 나아질 것이라 생각하고 위안을 삼는다.

정치(政治)는 정치(定置) 또는 정치(正置)라고 생각한다. 정해진 자리 또는 제자리에 놓는 것을 말하는 것이다. 정해진 분수를 지키지 않거나 제자리를 벗어날 때 갈등과 다툼이 생기게 마련이다. 그런 갈등과 분열과 싸움을 조정하여 화합과 조화를 이끌어내는 것이 정치 또는 정치가들이 해야 할 일이다. 정치는 마치 제 각각의 방향으로 뛰어나가려고 하는 열 마리의 말고삐를 잡고 있는 마부가 해야 할 일과 같다. 마부가 정치(正置)를 제대로 하지 못하면, 그 소속집단이나 사회 또는 국가의 에너지가 사방팔방으로 흩어져 일패도지(一敗塗地)하게 될 것이다. 정치(正置)를 제대로 하면, 모든 에너지가 한 방향으로 모아져 엄청난 발전의 동력이 생기게 되고 국가는 물론 국민 모두가 그 혜택을 입게 될 것이다.

좋은 정치인은 흩어지는 국민의 마음을 한 곳으로 모을 수 있는 능력과 방책을 가지고 있어야 한다. 흩어지는 국민의 마음을 알아야 그에 대한 방책을 찾아낼 수 있다. 국민의 마음을 알려면 인간의 본질에 대한 이해가 있어야 한다. 더 쉽게 말하자면 사람을 알아야 한다. 사람을 알되 껍데기가 아니라 그 뿌리부터 직시할 수 있어야 한다. 인간의 본질을 뿌리부터 알 수 있으려면 어떻게 해야 하는가? 자기 자신에 대한 엄정한 성찰이 있어야 한다. 제 몰골이 엉망인 사람이 다른 사람에게 리더십을 갖기는 어렵지 않겠는가?

사람을 알아야 한다고 이 사람 저 사람 만나 안면을 익히라는 것만은 아니다. 견문을 넓혀야 한다고 이리저리 돌아다니기만 하는 것이 능사는 아니다. 이런 것들은 껍데기를 쫓는데 정신이 팔려 그 뿌리가 소중하다는 것은 잊어버리는 것과 마찬가지다. 그 결과는 기껏해야 주견(主見)도 없이 이리저리 휩쓸리는 패거리 정치의 나락으로 떨어지기 십상일 뿐이다.

많은 사람을 만나고 견문이 넓어야 하는 것은 맞는 말이다. 그러나 무엇보다도 중요한 것은 그 바탕이 되고 뿌리가 되는 자기 자신에 대한 성찰과 수련이 전제되어야 한다. 그래야 당장에 다른 사람들로부터 무시를 받거나 이용당하지도 않을 뿐더러 후일 한 세상을 위해 도움이 되는 경세제민(經世濟民)의 인재가 될 수 있는 것이다.

지난 번 국제교류회관에서 있었던 한국유학생 모임에서 여러 학생들을 만났다. 그 중에서 정치를 하고 싶다는 학생이 2명 있었고, 한 사람은 정치학을 전공하는 전문연구자였다. 정치를 학문적으로 접근하는 사람은 그렇다

치더라도 실제 정치현장에 뛰어들 생각을 하고 있는 두 젊은이에게 이런 말을 해주고 싶었다. 언젠가는 기회가 올 것이다.

11시 무렵 황정훈 군이 전화로 오늘 일정을 묻는다. 어제 약속한 대로 어디든 같이 돌아다니자고 했다. 오늘은 기리시마 방향으로 센칸엔(仙巖園)까지 가면서 도중에 여기저기 둘러보며 가기로 했다. 숙소에서 나와 가고시마 항구를 오른쪽에 두고 계속 북쪽으로 페달을 밟았다. 중간에 기온노스 공원과 이시바시 기념공원에 들렀다. 이시바시 기념공원에는 고우츠키가와에 있던 고라이바시를 복원해 놓은 것이 있다. 나는 엊그제 이미 보았지만 다시 들렀다. 기온노스 공원에서 나와 다시 해변을 따라 올라갔다. 길옆에 천연온천이라는 깃발이 보였다. 발을 담글 수가 없을 정도로 뜨거운 온천수가 그대로 하수구를 통해 바다로 흘러들어간다. 한국에서는 상상도 할 수 없는 일이다. 돈이 콸콸 쏟아져 바다로 사라지고 있는 셈이다.

도로변에 방치된 온천

　방치된 온천수로 족욕을 하고 다시 센칸엔으로 향했다. 조금 올라가자 황 군이 말하던 쨘보모치 히라타야(兩棒餠 平田屋)가 길 왼편에 보인다. 지금의 헤이세이(平成) 일왕이 신혼시절 이 식당에서 쨘보모치를 먹고 간 뒤로 가고시마에서는 아주 유명한 식당이 되었다고 한다. 쨘보모치는 쟌보모치(じゃんぼもち)의 가고시마 사투리라고 한다. 구운 흰떡에 조청 비슷한 것을 찍어먹는 것인데, 흰떡에 손잡이가 되는 대나무 꼬치를 두 개 꽂기 때문에 쨘보(兩棒)라는 이름을 얻었다는 것이다. 1인당 500엔으로 비싼 편이고 맛이나 요리 방식도 썩 마음에 차지는 않았지만, 시장하던 참이라 그런대로 먹을 만 했다. 황 군이 떡만 사준 것이 아니라 덤으로 금강산도 식후경이란 의미의 일본 속담까지 알려주었다. 꽃보다 떡(花より団子 : はなよりだんご)이란다.

일본 최초의 근대적 공업단지 슈세이칸의 안내판

　히라타야 식당의 앞바다가 이소(磯) 해수욕장인데, 날씨가 따뜻해서 그런지 성급한 사람들이 벌써 해수욕장에 제법 많이 있었다. 이소 해수욕장에서 조금 더 올라가면 센간엔(仙巖園)이 있다. 센간엔은 사쓰마(薩摩, 가고시마의 옛 이름) 번주인 시마즈(島津) 가문의 별장이다. 조경이 잘 된 정원으로 유명하며, 근자에 인기가 높았던 역사드라마 아츠히메(篤姬)의 촬영장으로 사용되었다고 한다. 센간엔과 이소 해수욕장 사이에 슈세이칸(集成館)과 이진칸(異人館)이 있다. 안내판에서는 이 일대를 근대일본의 발상지라고 소개하고 있다.

슈세이칸은 시마즈 나리아키라(島津齊彬)가 서구 근대문명을 따라잡기 위해 심혈을 기울여 조성한 일본 최초의 근대공업단지이다. 방직공장, 유리공장, 제철소 등 수많은 근대적인 공장이 집적되어 있었다고 하는데, 현재는 유적으로 남아있다. 유리공장은 지금도 가동되고 있는데, 여기서 생산되는 유리공예 제품인 사쓰마 기리코(薩摩切子)가 유명하다. 이진칸(異人館)은 슈세이칸의 공장에서 일하던 외국인 기술자들의 숙소였던 셈이다. 이진칸은 서구적인 건축양식으로 세워졌는데, 최근에 세계문화유산 지정을 추진하고 있다고 한다.

메이지 일왕이 머무른 자리라는 표석

이진칸과 슈세이칸 사이의 공터에 일왕 메이지가 머물렀던 자리라는 표석이 세워져 있었다. 아마 슈세이칸을 보러 왔던 모양이다. 마침 점심때가 되었으므로 벤토(弁当)를 사 먹었다. 벤토를 경험해 보고 싶었기 때문에 식당으로 가자는 황 군의 제안을 거부했던 것이다. 평소의 입맛이라면 잘 맞지 않겠지만 처음이라 그런지 나름대로 먹을 만 했다. 훗날 누군가 여기서 내가 벤토를 먹었던 자리라고 기억해 줄 사람이 있을까 모르겠다고 하자 황 군이 웃는다. 나도 웃었다. 웃자고 한 소리이니 당연한 일이다.

센칸엔의 관람료는 1500엔이었는데, 우리는 정원을 가꾸는 것과 같은 일에는 전혀 관심이 없었으므로 꽤 비싼 요금이라고 느껴졌다. 게다가 호주머니 사정도 넉넉하지 못했기 때문에 관람은 다음 기회로 미루기로 했다. 돌아오는 길에 황 군을 위하여 타가야마 공원에도 다시 가보았다. 가고시마 항구 인근의 돌핀 포트에도 잠시 들러 족욕(足浴)을 즐겼다. 족욕을 하니 피곤이 풀리며 몸이 나른해진다. 족욕장에서 정은선을 비롯한 한국의 유학생들을 만났다. 반가웠다.

저녁은 숙소에서 비빔국수를 먹자고 했더니 황 군도 좋다고 한다. 처음 만들어 보는 것이라 황 군에게 재료를 물었더니 삶은 국수, 고추장, 오이, 식초만 있으면 된다고 한다. 국수를 비비면서 딸기를 잘게 저며 넣었는데, 맛이 황홀하였다. 황 군이 특허감이라며 엄지를 세운다.

# 약자를 위한 사회적 배려

2009년 4월 22일 수요일(음력 3월 27일)

어제 외국인등록증을 받으러 시야쿠쇼에 갔을 때 가져왔던 "쓰레기와 재활용품의 분리배출 방법"에 관한 안내자료가 생각났다. 외국인등록 창구에 준비해 놓은 것을 가져온 것이다. 일본 사람들은 그들 자신이 주변을 깨끗하게 하기 위해서 노력할 뿐만 아니라 외국에서 오는 사람들에게도 이처럼 주도면밀하게 준비하여 가르치고 있는 것이다. 그것도 해당국 언어로 말이다.

쓰레기와 재활용품의 분리배출 방법 안내자료

오전에 가고시마 대학에서 나를 위해 제공해 준 연구실에 들렀다. 인터넷 연결을 시도해 보았으나 잘 되지 않았다. IP 주소의 문제가 아닌 것 같다. 학교에서 점심을 먹고 오후의 세미나까지는 시간 여유가 있기에 시내를 돌아볼 생각으로 나왔다. 길을 건너려고 횡단보도에서 보행신호를 기다리고 있었는데, 한참을 기다려도 신호가 들어오지 않았다. 보행자가 스스로 신호기를 작동하도록 된 곳이었다. 이런 신호등이 제법 많아서 익숙하지 않은 나는 멍청하게 기다린 적이 여러 번 있었다. 보행자의 편의를 위해서 설치한 것 같다. 그것도 아주 세심하게 배려하여 장애인 등 교통약자를 위한 버튼이 따로 있다. 한번은 무심코 교통약자가 누르게 되어있는 버튼을 누른 적이 있었는데, 다른 때보다 신호가 빨리 들어왔던 것 같다. 그때는 그것이 미안한 일인지도 몰랐을 때다.

보행자 작동식 신호기

오후에 고바야시 교수의 사회교육 세미나에 참석했다. 고바야시 교수는 부인의 출산에도 불구하고 참석하였다. 그만큼 이 세미나가 중요하다는 것이다. 아들을 낳았으며, 산모와 아기 모두 건강하다고 한다. 세미나 참석자 모두가 축하하였다.

세미나를 마친 다음 유학생 문제를 물어보았으며, GPA 문제를 해결할 수 있는 방안을 강구하겠다고 하였다. 양 대학의 교류과정에서 불편한 사정이 있다는 것을 고바야시 교수가 알고 있는지 여부가 궁금했지만 그것까지 상의할 만한 사정이 아니어서 뒤로 미뤘다. 가네코 교수에게 부탁했던 일본의 입시사정관 제도에 대한 자료도 재촉하는 것 같아 묻지 않았다. 입시사정관 관련 자료는 황 군이 찾아봐야 하지 않을까 싶다.

한국 국제교육원에서 선발하고 있는 일본유학생 관련 사안에 대해 오랫동안 상의하다 보니 시간이 많이 늦어졌다. 저녁은 야스베이 식당에서 먹었다. 자주 오다 보니 특별하게 수작을 한 것은 아니지만 주인이 알아본다. 단골이 된 셈이다.

# 세상을 깨끗하게 하는 청소

2009년 4월 23일 목요일(음력 3월 28일)

　매일 아침 산책을 하니까 망설일 것도 없지만, 오늘은 어디로 갈까 하고 고민 아닌 고민을 해본다. 가고시마에는 산책을 나갈 만한 공간이 너무 많기 때문이다. 숙소에서 가까운 곳만 해도 하치만 공원, 수산학부 캠퍼스, 코우츠키 가와, 텐포잔 공원, 바닷가 방파제, 가모이케 공원이나 운동장, 다이소 근처의 Jungle Park 등등이다. 꼭 공원이 아니라도 좋다. 주택가 어디를 가도 거리가 깨끗하고 집집마다 정원을 가꾸고 있어서 길을 나서면 바로 다 산책로라고 할 만하다. 실제로도 아침이나 저녁에 체육복이나 간편복 차림으로 주택가를 걷고 달리는 사람들이 제법 많다.

　저녁 산책을 마치고 돌아오면서 국제교류회관에 들렀다. 오늘따라 자전거를 타고 다니는 여자들이 더 많은 것 같다. 아마 황 군의 농담 때문인 것 같다. 아무튼 일본유학생 선발신청과 관련해서 양병찬 교수에게 전화를 할 때, 황 군도 함께 있는 것이 좋을 것 같아 회관에 들른 것이다. 마침 한국 유학생 몇이 같이 저녁을 먹고 있었다. 이지혜, 허봄안, 박효진 양을 만났다. 박효진 양은 처음 며칠 동안 나에게 자전거를 빌려준 친구이다. 고맙다는 인사를 하고, 다음 주 화요일에 저녁을 같이하기로 약속했다.

언제나 느끼는 것이지만, 일본의 거리는 참 깨끗하다. 가만히 두어도 저처럼 깨끗하게 되는 것은 아니다. 며칠 안 되지만, 이들이 주변을 깨끗하게 하기 위해서 부단히 노력하고 있다는 것을 알았다. 학생들이 학교 주변을 청소하는 것처럼, 경찰관이 경찰서 주변을 청소하는 것처럼, 일본의 시민들은 자신의 주변을 수시로 청소하고 있다. 공원이나 거리에서는 자원봉사자들이나 청소부들이 곳곳에서 청소하고 있는 모습을 쉽게 볼 수 있다.

밖이 깨끗하면 안도 따라서 깨끗해진다. 깨끗한 거리는 깨끗한 마음을 갖게 해 준다. 마음이 깨끗해지면 말이나 행동도 깨끗해진다. 말이나 행동이 깨끗해지면 개인의 생활이 깨끗해진다. 개인의 생활이 깨끗해지면 마을이 깨끗해지고 세상이 깨끗해진다. 일본의 거리가 깨끗한 것은 단순히 청소를 하기 때문에 깨끗한 것이 아니다. 일본 사람들의 마음이 깨끗하기 때문에 거리가 깨끗하고 또 세상도 깨끗한 것이라고 보아야 할 것이다. 확인하는 방법은 모르지만, 한국과 일본의 공무원이나 직장인들을 대상으로 하여 그들의 청렴도를 조사해서 비교해 보면 어떨까 한다. 물론 결과는 이미 나와 있는 것이나 마찬가지겠지만…

4월 5일 도착하는 날 쌀 5kg을 샀는데 벌써 다 떨어졌다. 열심히 밥을 해 먹었기 때문이다.

## 주차습관으로 읽는 삶의 태도

2009년 4월 24일 금요일(음력 3월 29일)

아침 산책중 주차하고 있는 사람을 보았다. 문득 주차하는 자세 하나만 보아도 그 사람의 앞날을 점칠 수 있다는 생각이 들었다. 주차 공간도 넉넉하여 대충 해도 될 것 같은데, 일행의 도움을 받아가면서 몇 번이고 운전대를 조작하고 있다. 끝내 차를 주차선에 맞추어 보기 좋게 정렬한 다음 자리를 뜬다. 주차장이 아무리 넓고 여유가 있어도 그렇게 하는 것으로 보아 아주 습관이 된 것이다. 습관이 되어 늘 그렇게 하는 사람의 일이나 인간관계는 항상성이 있어서 신뢰성이 있고 안정적이게 마련이다. 그러고 보니 이곳에 와서 20여 일이 지나는 동안 반듯하지 않게 주차된 차를 보지 못한 것 같다.

반듯한 주차질서

주차를 성실하게 하는 것은 우선 자신에게 좋다. 자기 차를 바르게 놓음으로 해서 다른 사람으로부터 자기 차가 손괴되는 등의 피해를 당하지 않으려는 것이니 현명한 것이다. 현명한 사람은 곤란한 일을 당하지 않을 것이다. 주차를 성실하게 하는 것은 다른 사람에게도 좋다. 차가 바르게 놓여 있기 때문에 다른 사람이 주차할 때에 장애가 되지 않는다. 다른 사람에게 피해를 주지 않으려는 것이므로 이는 예의 바른 것이다. 예의 바른 사람에게는 적이 없을 것이다.

그리고 무엇보다 중요한 것은 차를 바르게 놓으면서 자신의 마음도 정돈되어 바르게 된다는 점이다. 마음이 정돈된 사람은 세상 사물을 보더라도 바르게 인식할 것이며, 무슨 일을 하더라도 바르게 할 것이다. 마음이 바르게 정돈된 사람이 세상을 어지럽히는 일은 없을 것이다.

그렇기 때문에 주차와 같이 사소한 일 하나로도 그 사람의 앞날에 오는 일들을 예견할 수 있는 것이다. 만약 사소한 일이라고 해서 적당히 하고 넘어간다면, 일이 순한 경우에는 별 문제가 되지 않을 수도 있다. 그러나 일이 꼬이게 되면 난처한 상황에 쩔쩔매게 될 수도 있을 것이다.

전에 주차공간에 여유가 있어서 대충 주차한 다음 볼일을 보러 간 적이 있다. 그런데 볼일이 예상 외로 쉽게 끝나지 않아 한참 뒤에 주차장에 내려오게 되었다. 주차선을 밟고 삐딱하게 서 있는 내 차 때문에 뒤에 온 다른 차들이 다 그렇게 주차할 수 밖에 없었다. 여러 사람들에게 여간 미안한 것이 아니었다. 그 뒤로는 함부로 주차하지 않으려고 노력하고 있다.

아무렇게나 주차하고 소맷자락 휘날리며 제 볼일을 보러 가는 사람은 남이야 힘이 들거나 말거나 자기 생각만 하는 이기주의적인 사람이다. 교양 없는 사람의 표본이다. 가고시마에서 교양 없는 사람을 보기는 어렵다. 이곳 사람들은 좋은 교육을 받은 것이다. 그리하여 올바른 생활의 태도가 습관이 된 것이다. 두뇌 개발만으로는 좋은 교육이 보장되지 않는다. 심성의 함양이 바탕을 이루고 있어야 좋은 교육이 될 수 있다.

이곳 사람들은 자전거를 많이 탄다. 자전거는 탈 때나 세워둘 때나 차량보다 비교적 자유로운 편이다. 하지만 주륜의 경우에도 질서를 잘 지키고 있으며, 그렇지 않은 경우는 역시 보기 드물다. 무엇을 어떻게 했기에 이들의 정돈된 생활태도가 습관이 된 것일까? 무엇을 어떻게 가르쳤기에 질서정연한 삶의 자세가 저토록 단단하게 자리를 잡게 되었는지 그것이 궁금하다.

사진을 보면 질서가 어떤 것인지 실감할 수 있다. 행사가 있었기 때문에 많은 사람들이 왔지만, 주차나 주륜에 흐트러진 모습이 전혀 보이지 않는다. 참으로 아름다운 모습이 아닐 수 없다. 이곳 사람들은 흔히 보는 것이라서 못 느끼겠지만, 내가 보기에는 이것보다 더 아름답고 감동적인 장면은 없을 것 같다.

가고시마 현립 육상경기장의 주륜장

저녁에 어머니께 전화를 했다. 어머니께서 내일이 초하루라고 하신다. 잘 지낸다고 말씀 드렸다. 매일은 몰라도 초하루 보름으로나마 전화를 드린다고 했더니 그러라고 하신다. 어머니와 통화를 마친 다음 양병찬 교수에게도 전화를 걸었다. 가고시마대학 학생을 한국의 국제교육원 유학생으로 신청하는 일은 추진하기 어려운 쪽으로 결론이 났다는 상황을 설명하였다. 고바야시 교수에게도 무척 아쉽게 되었다는 뜻을 전했다고 했다. 이번에 문제가 되었던 GPA와 관련하여 가고시마대학에서도 대책을 마련할 생각이라고 하니 다음 기회를 기약하는 수 밖에 없다.

## 자전거와 자본주의

2009년 5월 6일 수요일(음력 4월 12일)

사쿠라지마 일주여행의 피로를 핑계로 숙소에서 쉬기로 했다. 그런데 오후가 되니 무료한 생각이 들었다. 그냥 아이쇼핑이나 하려는 생각으로 가고시마 중앙역에 갔다. 중앙역 인근에 자전거를 세워둘 곳이 마땅치 않았다. 주륜장이라는 팻말을 따라가니 유료 주륜장이 있었다. 중앙역 건물에 딸려 있는 주륜장이다. 규모도 크고 시설도 완벽하다. 에스컬레이터까지 설치되어 있으니 다른 것은 더 말할 것도 없다. 세워놓은 자전거도 엄청나게 많았다. 내가 확인한 것만 해도 주륜장으로 두 층이 활용되고 있었다. 1시간쯤 뒤에 자전거를 찾았다. 영수증을 보니 1일권이었으며 요금은 100엔이었다. 100엔으로 하루종일 자전거를 맡겨둘 수 있는 것이다.

가고시마 중앙역 3층 주륜장(駐輪場)

일본이 자동차 대신 자전거를 대중화하여 얻는 이익이 얼마쯤 되는가 생각해 보았다. 아마 천문학적인 액수의 값어치가 있지 않을까 싶다. 반면에 중앙역의 가게마다 전시된 상품들을 보노라면, 낭비되는 것도 또한 엄청나다는 것을 알 수 있다. 물론 이런 재화의 낭비현상이야 일본만 그런 것도 아니고, 자본주의 사회이면 어디서나 똑같은 모습을 보이는 것이기는 하다.

  이 자본주의라는 폭주기관차는 도대체 어디를 향해서 가고 있는 것인가? 멈출 수는 있는가? 멈출 생각이라도 하기는 하는 것인가? 속도를 조절하려는 생각이라도 고 있는 것인가? 멈추거나 속도를 조절하는 방법을 찾아내야 할 것이다. 지구의 미래를 위해서 말이다. 인류를 위해서 말이다.

  중앙역에 있는 관광안내소에도 들려 가고시마 현의 이곳저곳에 대한 안내자료 몇 가지를 얻었다. 숙소로 돌아오려는 참에 중앙역의 광장에서 젊은이들이 춤 경연대회를 열고 있는 것이 보였다. 아마 비보이 춤인 것 같다. 한 시간 정도 구경하였다. 내가 은근히 응원하였던 팀은 준결승에서 탈락하고,

초등학생으로 보이는 어린이 팀이 우승을 차지했다. 명랑한 젊은이들이다. 넘치는 젊음을 마음껏 누리고 있는 이들이 부럽다.

가고시마 중앙역 광장의 춤 경연대회

## 생각하며 사는 생활

2009년 5월 8일 금요일(음력 4월 14일)

내일이 보름이다. 밤 10시쯤 되어 어머니께 전화를 드렸다. 어머니께서는 전화를 받지 않으셨다. 주무시는 모양이다. 대신 큰 형님과 통화를 했다. 초려선조 묘역보존에 관련된 일의 진척 상황에 대해 대강 설명을 들었다. 형님이 이래저래 더 힘드실 것 같다. 답답하지만 어쩔 수가 없다. 하루 빨리 제대로 된 귀결이 나왔으면 좋겠다.

요즘 '생각하며 사는 생활'에 대해 이리저리 실험도 해보고 실천도 하고 또 생각도 하고 있다. 마구잡이로 좌충우돌하지 말아야겠다. 물론 '생각하며 사는 생활'이라고 해서 현재까지 내 삶의 방식이 180도 바뀌는 것도 아니다. 다만 무슨 일이든 근원적인 이치를 먼저 생각해 보고 움직인다는 것 정도가 다를 뿐이다.

나름대로 체득이 되는 것이 있다. 먹는 것이나 입는 것은 물론이고 모든 일상생활에 다 똑 같은 이치가 배어들어 있는 것 같다. 현재 나 혼자만의 수준에 있어서는 그런대로 재미가 난다. 차차 더 많은 재미가 생겨나고 불어가길 희망해 본다.

## 새마을 운동으로 나라를 다시 살리자

2009년 5월 20일 수요일(음력 4월 26일)

　일본어 5주간프로그램의 세 과정을 다 들은 다음 5시경에 고바야시 교수의 사회교육세미나에 참석하였다. 세미나 도중 고바야시 교수가 한국의 새마을 운동과 사회교육의 관계에 대해서 물어본다. 새마을 운동은 대단히 중요한 것이었으나 지금은 중단되어 안타깝다는 정도로 얘기하고 말았다.

　세미나를 마치고 저녁을 먹으러 가면서 황 군에게 다시금 새마을 운동의 필요성에 대해 말해 주었다. 한국이 민주화를 본격적으로 추진하게 된 원동력은 이른바 민주화 운동을 했던 사람들 때문에 가능했던 것만은 아니다. 새마을 운동을 통해 극빈상태를 벗어나게 되었으며 희망을 품게 되었다. 그 뒤로 경제개발 5개년 계획 등을 통해 산업이 발달하게 되면서 국민들이 자신감을 갖게 되었기 때문이다. 이처럼 급속도로 진행된 근대화의 기반이 있었기 때문에 민주화에 대한 요구가 발생할 수 있었던 것으로 보아야 한다. 새마을 운동이나 경제개발 5개년 계획 등에 의해 최소한의 민생 문제가 해결되지 않았다면, 우리 사회의 민주화에 대한 요구는 지금의 우리가 거쳐왔던 것보다 더 오랜 시간을 기다리게 되었을 것이다.

나라와 국민을 다시 일으켜 세운 새마을 운동이지만 불행하게도 지금은 거의 단절된 상태에 있다. 박정희 대통령이 암살된 이후 정권을 가로챈 전두환, 노태우 등의 군부독재 시절에는 새마을 운동이 변질, 악용되어 그 정당성을 잃고 말았다. 그 이후 이른바 민주화 세력이 정권을 잡은 시기에는 김영삼, 김대중, 노무현을 거치는 동안 집권세력의 파당적 사리사욕만이 횡행하여 국가의 근간이 송두리째 무너져 내리고 말았다. 사회발전의 획기적인 방법이라고 세계적으로 인정되어 주목을 받았던 새마을 운동은 독재정권의 잔재로 치부되어 뒷전으로 밀려나고 말았다. 공익으로 위장한 사욕을 채우는데 혈안이 된 그들만의 세계에는 니전투구(泥田鬪狗)의 정쟁만이 계속되었던 것이다.

새마을 운동을 통해 요원의 불길처럼 일어났던 "우리도 한번 잘 살아보자"는 국가와 국민의 희망이 뿌리 채 뽑혀 버린 것이다. 국가의 흥망성쇠는 바로 국민의 생활과 정신 속으로부터 시작되는 것이다. 국민의 생활이 질서를 잃고 정신상태가 피폐해지면 외형이 아무리 화려하다고 하더라도 그것은 망한 나라에 불과하다. 타락한 사회일 뿐이다. 불야성(不夜城)을 이루는 수도권이나 대도시 어디를 보더라도 이기심이 팽배한 무리들이 넘쳐난다. 욕심과 욕심이 충돌하여 만들어진 거품사회가 일시적으로 우르르 솟아난 것일 뿐이다. 시골의 농어촌은 어떤가. 아무렇게나 방치된 적막한 강산은 이미 산송장이나 마찬가지이다.

지금 우리가 늘 탄복하고 있는 일본사회의 정돈된 모습은 그 뿌리가 어디에 있는 것인가? 이곳 가고시마를 놓고 말한다면, 아마도 시마즈 나리아키라 같은 사람들이 일찍이 새마을 운동과 같은 성격의 일을 해냈기 때문일 것이다. 물론 이름이야 새마을 운동이라고는 하지 않았겠지만 말이다.

지도자 한 사람이 깨끗한 마음으로 공심을 가지고 세상을 바라보기 시작하였고, 또 그것이 기폭제가 되어 사회적으로 확산되었으며, 마침내 주민 모두가 희망을 가지고 참여하게 되었을 것이다. 사회도 생명체와 같아서 한번 활력을 갖게 되면, 그 자체로 생명력을 유지하는 기제가 형성될 것이다. 이와 같은 선순환이 지속되면, 사회발전의 상승효과가 계속될 수 있는 것이다.

버려진 채 망가진 농어촌을 살려야 한다. 도회지의 끓어오르는 거품을 가라앉혀야 한다. 이제라도 새마을 운동을 다시 살려야 한다. "우리도 한번 잘 살아보자"는 희망의 불씨를 살려 다시 불을 지펴야 한다. 분별의 정신을 되살려 고열로 신음하는 도회의 거품 현상을 치료해야 한다. 사회교육에서 말하는 '지역 만들기'가 바로 이런 것이 아니겠는가? 그렇게 되려면 해야 할 일이 많다. 하지만 한꺼번에 다 할 수는 없다. 우선 가능한 것부터 해나가야 한다.

가장 쉬운 것부터 시작해야 한다. 가장 필요한 것부터 해야 한다. 무엇보다도 남을 의식하지 말고 나부터 해야 한다. 맨 먼저 할 일은 청소부터 하는 것이다. 깨끗한 몸, 깨끗한 집, 깨끗한 마을은 쉽게 병들지 않는다. 몸이 건강하고 살림이 윤택하고 마을이 활기를 띠게 되면 그 다음은 무슨 일은 못하겠는가!

우리 모두 바로 지금 이 순간부터 내 몸, 내 집, 내 마을부터 깨끗이 하는 일을 시작하자. 청소로 심신이 깨끗해지면 무슨 일이든 하고 싶은 의욕이 생기게 마련이다. 또 무슨 일을 하더라도 지저분하게 될 가능성도 훨씬 줄어들게 마련이다. 이렇게 해서 차근차근 해 나가면, "우리도 한번 잘 살아볼 수 있을 것"임을 확신한다.

저녁을 먹었던 식당 이름은 모르겠다. 노미호타이(飮み放題) 식당이었다. 이 식당의 경우 밤 9시부터는 840엔을 내면, 90분 동안은 술이든 음식이든 얼마든지 자신이 원하는 대로 주문해서 먹을 수 있다는 것이다. 나는 처음 본 것이라서 신기했는데, 나중에 황 군 얘기를 들어보니 일본에는 이런 노미호타이가 꽤 많다고 한다.

술은 마시지 않으려고 했으나 술을 즐기는 고바야시를 생각해서 시마비징을 마시겠다고 하였다. 술이 조금 들어가니 마음이 질탕해져서 전에 카워싱에서 함께 이야기했던 하이쿠 얘기를 다시 꺼냈다. 4월 12일 시로야마 전망대에서 내가 지어 응모함에 넣었던 하이쿠를 고쳐달라고 했던 적이 있었기 때문이다. 고바야시 또한 잊지 않고 기억해 냈을 뿐만 아니라 그 뒤에 두 줄을 더 붙인 단카로 만들어서 보여준다. 기분이 좋았다.

樓島
さつまを起し
君と合う
心はずみて
國を想ほゆ

가고시마를
깨우는 벚꽃섬에
그대와 만나
마음은 고조되고
고향을 생각하네

단카를 기록한 시마비징 병

위의 세 줄은 나의 하이쿠를 고바야시가 손을 본 것이고, 아래 두 줄은 고바야시가 나의 하이쿠에 화답하는 형태로 두 줄을 붙여서 단카(短歌)로 만든 것이다. 단카는 5-7-5 음절로 된 하이쿠에 7-7의 두 줄을 더 넣으면 된다고 한다. 단카는 5-7-5-7-7음절의 형태로 하면 되는 셈이다.

고바야시가 우리가 마시던 술병에 우리가 만든 단카를 기록하였다. 술이 남았을 경우 이렇게 하여 보관하고, 다음에 왔을 때 그것을 찾아 마실 수 있다. 하지만 오늘은 술을 남기지 않고 다 마셨다. 단카가 적힌 빈병은 내가 기념으로 가져왔다.

하이쿠와 단카를 서로 주거니 받거니 하며 흥이 오르자 고바야시가 같이 간 중국 유학생 진유카(陳柳佳)를 가리키며 이 친구를 위해서 하이쿠를 해보라고 한다. 진유가의 이름 석 자를 두운(頭韻)으로 하여 한글로 하이쿠를 만들었다.

진(陳)나라 버들
유엽(柳葉) 빛나는 오늘
가시가시(佳時佳詩)여

이렇게 만든 하이쿠를 황 군이 고바야시에게 일본어로 그 뜻을 말해 주었다. 그러자 고바야시가 나의 하이쿠에 화답하여 두 줄을 더 얹어 단카로 만들었다.

진(陳)나라 버들
유엽(柳葉) 빛나는 오늘
가시가시(佳時佳詩)여
少柳美し(젊은 버들 고우니)
小林李娛し(그대와 나 즐기네)

즉석에서 만든 것이지만 그런대로 제법 어울린다. "진(陳)나라 버들"로 시작하는 하이쿠와 단카를 가지고 한참 동안 이런저런 이야기를 나누며 술도 마시고 밥도 먹었다. 그러다 보니 시간이 꽤 흘렀고 밤도 깊어졌다. 오늘 저녁 자리를 마무리하는 뜻으로 내가 하이쿠를 하나 더 만들었다.

오월 스무날
한중일(韓中日) 함께 만나
즐거운 시회(詩會)

"오월 스무날"의 하이쿠에 대해서도 잠시 더 이런저런 이야기를 하다가 일어났다. 고바야시 교수가 오늘 있었던 시회(詩會)를 못내 아쉬워하며 기억하고 싶어 하였다. 기억이 온전한 지는 모르나 대강 이러했던 것 같다. 다음 세미나에서 만나면 고바야시에게 오늘 정리한 내용을 보여주어야겠다.

## 명분은 소중하고 세상에 공짜는 없다

2009년 6월 8일 월요일(음력 5월 16일)

카이칸에서 일본어 수업을 마치고 교무실에 들러 일본어 교사들과 이야기를 나누었다. 물론 예의 '아리무라상노무라니아리무라상가아리마스카'로 시작해서 말이다. 교무실에서 나와 숙소로 돌아오려는 참에 이지혜 양과 김나은 양을 만났다. 마침 어제 이지혜 양에게 언제든 저녁을 사기로 했던 약속이 떠올랐다. 오늘은 어떠냐고 물었더니 좋다고 한다.

그런데 김나은 양만 떼어놓고 가기가 미안하다. 김나은 양에게 물었더니 김영선 양과 약속이 있다고 한다. 그렇다면 김영선 양도 같이 가자고 했다. 김영선 양을 데리러 가더니 올 때는 허봄안 양까지 데리고 온다. 허허! 오늘 내가 봉이로구만. 다 같이 깔깔 웃으며 야스베로 갔다.

나는 학생들과 무슨 일을 할 경우에는 가능하면 그 일에 적합한 명분을 확인해 주려고 노력한다. 명분이 없는 애매모호한 삶을 멀리하는 것이 좋다는 생각을 갖게 하기 위해서이다. 물론 명분을 강조하는 동시에 조심해야 할 것도 잊어서는 안 된다. 자칫 명분만을 쫓다가 실리를 놓치지 않도록 명심해야 하는 것이다.

이지혜 양은 어제 저녁에 된장국을 맛있게 끓여서 나를 초대했다. 그 마음이 곱고 또 고마웠다. 그래서 답례로 언젠가 시간이 되면 저녁을 사기로 약속을 했던 것이며, 오늘 그 기회가 온 것이다. 김나은 양은 한시적이기는 하지만 나에게 인터넷 아이디를 빌려주고 있다. 이것 또한 고마운 일이니 답례를 해야 한다.

그런데, 허봄안 양과 김영선 양에게는 오늘 저녁을 사주는 명분이 없다. 그러니 두 사람은 오늘 나에게 어떤 명분을 가불한 것으로 하자. 다시 말해 두 사람은 다음에 오늘 저녁 식사에 상응하는 어떤 고마운 일을 나에게 해달라. 세상에 공짜는 없는 법이다.ㅎㅎㅎ

# 민주주의와 시민정신

2009년 6월 18일 목요일(음력 5월 25일)

매주 목요일마다 카이칸의 유학생들이 숙소로 나를 찾아온다. 황 군의 요청으로 시작된 모임이 이제 거의 정례화되었다. 목요대화라고 해도 될 것 같다. 오늘은 황 군과 김나은 양, 이지혜 양이 왔다. 오늘의 주요 주제는 시민정신이었다. 물론 미리 정한 것은 아니고 이런저런 이야기를 하던 중 자연스럽게 대화의 방향이 그렇게 된 것이다. 아마 얼마 전에 있었던 노무현 전 대통령의 자살 사건과도 무관하지는 않았던 것 같다. 나는 전 대통령의 자살과 같은 전대미문의 돌발사건에 대하여 확실치도 않은 정보로 왈가왈부하는 것은 적절하지 않다고 보기 때문에 가능하면 언급을 자제하는 편이다. 사건 자체가 너무 충격적이기 때문에 여러 가지로 제한된 상황에서 그런 문제에 대해 거론하다 보면 도움이 되기보다는 자칫 해가 될 것이 염려된다.

그래서 특정의 사건이 아니라 일반적으로 우리 사회에 도움이 되는 방향으로 대화의 물꼬를 이끌었으며, 주로 반성적 차원에서 의견을 나누었다. 자연스럽게 민주주의와 시민정신에 대한 이야기로 방향을 바꾸게 된 셈이다. 대체로 학생들은 노무현 전 대통령의 자살 사건을 이분법적 관점에서 민주주의의 후퇴라고 보는 경향이 강한 것 같았다. 민주주의를 위해 헌신하였던 노 전 대통령을 좌절시킨 특정인이나 세력이 있다고 보고, 그들에 대해 강한 혐오감을 느끼고 있는 것으로 보인다.

하지만 우리는 그런 민감한 사건에 대해 어떤 확실한 자료나 정보를 접하지 못하고 있는 상태이다. 따라서 우리 모두가 신중을 기해야 하며, 쉽게 이러쿵저러쿵 하는 것은 적절하지 못하다. 이 사건이 잠시 우리의 화제가 되기는 했지만, 이런 미증유(未曾有)의 사건은 간단하게 다섯에 다섯을 더하면 열이 되고, 열에서 다섯을 빼면 다섯이 남는 그런 산술적 계산으로 끝나는 것은 아니다. 갖가지 수학적 해법을 동원해도 풀기 어려운 고차원 방정식이거나 그 이상이라고 본다.

우회적으로 표현한다면, 학생들이 짐작하고 있는 것들이 어떤 점에 있어서는 그렇기도 하고, 또 어떤 점에 있어서는 그렇지 않을 수도 있다는 말이다. 이런 경우 부분적인 판단보다 종합적 판단이 필요하다. 종합적 판단을 위해서는 원칙과 기본이 정립되어 있어야 한다. 원칙과 기본이 서면 비로소 양시양비론적(兩是兩非論的) 접근과 이해가 가능하게 된다. 대화와 토론은 어떤 경우이건 마찬가지이지만, 특히 이번 사건과 같이 극도로 첨예한 사안의 경우에는 대화의 상대방을 극복한다기보다는 피차간의 의견 교환을 통해 최선의 결론을 찾기 위해 같이 노력해야 한다. 나는 학생들의 시야가 좀 더 넓어지기를 바라는 마음으로 양시양비론적 입장에 서서 조언을 했다.

학생들만 그런 것이 아니다. 정치판에 있는 사람들에게는 더 절실한 충고라고 믿는다. 모름지기 정치는 화합을 소중히 여겨야 한다. 정치에서 가장 무서운 것은 편협한 생각이나 관점이다. 설령 그것이 지극히 옳은 것이라 해도 편협한 마음을 바탕으로 하는 정치는 결코 제 구실을 하지 못하게 마련이다. 편협한 시각은 독재의 온상이 되기 쉽다. 그렇기 때문에 사회가 성숙되지 않으면, 시민의식이 깨어있지 않으면, 시민정신이 자리를 잡지 못하면, 오히려 편협한 사람들이 득세하게 마련이다. 편협한 사람들이 득세하면 할수록 민주주의는 발을 붙이기 어렵게 된다. 민주주의를 보장하는 것은 법과 제도가 아니라 그런 법과 제도를 제대로 기능하게 하는 성숙한 시민사회의 존재이다. 민주사회는 투쟁을 통해 없던 것을 새로 만들어내는 것이 아니고, 대화를 통한 양보와 타협을 자양분으로 하여 조금씩 자라나는 것이다. 민주주의는 몇몇 영웅이 건설하는 이상향이 아니다. 보통사람들의 생활 속에 존재하는 평범한 삶의 방식에 뿌리를 내리는 상식의 세계일 뿐이다.

전문적인 토론의 자리가 아니고 사랑방 좌담에 불과하기 때문에 쉽게 단정하기는 어렵지만, 나는 우리나라의 민주주의는 성숙한 단계에 이르려면 아직 많은 시간이 있어야 한다고 생각한다. 성숙한 민주주의라면 사회 구성원의 의사가 다양하게 제기되고 또 반영되어야 한다. 그러나 우리 사회는 아직 그렇지 못하다. 지금에 이르기까지 어떤 정권하에서도 시민사회의 다양성이 결여되었으며, 정권 담당자와 그 주변세력의 주장이나 방침이 사회를 압도하였다. 그렇지 않은 경우에도 극단적인 대립과 편 가르기로 사회적 통합과 화합의 정치를 구현하지 못하였다.

민주주의에서 가장 기피하는 것이 독재이다. 자기만 옳고 다른 사람이나 집단은 그르다는 도식적인 흑백논리가 힘을 얻게 되면 그만큼 민주주의는 설 자리를 잃게 되고 독재의 싹이 돋아나게 된다. 우리의 현대 정치사를 돌아보면, 대체로 정권타도와 보복의 악순환이 끊이지 않았다고 생각된다. 정권 담당자들의 역사의식과 도덕성이 뒷받침되지 않았기 때문이다. 올바른 역사의식과 도덕성을 확보한 정치가와 그 집단이 국민들로부터 지지를 받고 정당성을 부여받았다면 그런 일은 없었을 것이다.

보통 독재라고 하면 가장 먼저 군부독재를 생각한다. 하지만 군부독재만 독재가 아니다. 국민들로부터 정당성을 부여받을 만한 정치력을 갖지 못한 정치가나 세력이 정권을 차지하게 되면 대개의 경우는 독재의 수령에 빠지고 만다. 헌법은 민주주의를 표방하고 있지만, 정치는 독재로 흐르게 마련이다. 자기만 옳다고 믿고 사회를 편향적으로 보기 시작하면, 국민통합 내지 화합을 이끌어 낼 수 있는 정치력은 고사하게 마련이다. 정치력이 고사하게 되면, 민주주의는 불모의 사막으로 변하기 마련이다. 사막화된 민주주의에는 반목과 질시만이 독버섯처럼 자라나게 된다. 그런 사회는 발전을 지향하는 역동성은 사라지고 끊임없는 분열과 투쟁만이 기승을 부리게 된다. 우리는 이런 경우를 한두 번 목도한 것이 아니다.

전두환 정권은 5공비리 청문회에 이어 전직 대통령의 구속 기소 및 실형 선고로 결말이 났다. 노태우 정권도 마찬가지여서 전직 대통령의 실형 복역과 천문학적인 액수의 추징금이 부과되었다. 김영삼 정권은 재임중 차남 김현철의 권력형비리 사건으로, 김대중 정권 또한 예외 없이 재임중 차남 김홍업과 3남 김홍걸이 뇌물수수죄로 구속되는 등 치졸하고 비루한 모습을 벗어나지 못했다. 누구보다도 도덕성을 강조했던 노무현 정권 또한 재임중 끊임없이 이어졌던 가족과 측근의 비리라는 마의 소용돌이를 벗어나지 못했다. 종당에는 전직 대통령의 자살이라는 전대미문의 비극으로 끝이 나버렸다. 현재의 집권세력은 과연 이러한 전철을 여하히 털어버릴 수 있을 것인가? 참으로 귀추가 주목된다.

지금까지 우리의 현대정치사는 전 세계를 통틀어 유례가 없는 정권 쟁탈과 집권세력의 타락 그리고 타도와 보복의 악순환이 계속되었다. 사심에 찬 배설욕구에 골몰한 정치꾼들이 정권을 장악하게 되면 타락은 필연적이다. 국리민복을 위해 일한다는 엄숙하고 진지한 공심의 세계와는 유리되었기 때문이다. 타락한 집단이 쫓겨난 자리에는 종(種)은 같고 류(類)만 다른 또 다른 집단이 들어서고, 예외 없이 개혁의 미명하에 보복의 칼날을 들이댄다. 겉으로는 선명성을 외치지만 실제는 정치적 억압에 대한 한풀이거나 아니면 자신들의 치부를 호도하기 위한 방편에 지나지 않았을 뿐이다.

민주주의는 소수의 소위 정치 엘리트들에 의해 이루어지는 것이 아니다. 성숙된 민주주의 사회라면 시민들의 의식이 깨어있어야 한다. 그래야 참된 정치가와 참주(僭主)를 구분할 수 있게 된다. 목소리 크고 싸움 잘 한다고 다 정치 엘리트인 것은 아니다. 건강하고 보편적인 시민정신이 확고하게 자리를 잡아야 민주주의는 제 기능을 다하게 된다. 우리 현대정치사를 보면 시민정신이 자리를 잡지 못했기 때문에 위대한 정치가보다는 그저 고만고만한 참주들이 정치가연하며 횡행하게 되었던 것이다.

우리는 김영삼 정권에서 노무현 정권에 이르기까지 예외 없이 꼬리를 물고 이어졌던 대통령 측근이나 가족들의 비리를 기억한다. 군부독재도 아니고 진리와 정의 그리고 도덕성을 구두선(口頭禪)처럼 외치던 이른바 민주주의의 화신이라 자처하는 사람들에 의해 세워진 정권에서도 그랬다. 게다가 측근이나 가족의 비리에 대해서는 하나 같이 "나는 모른다"로 일관하여 비켜갔다. 강아지도 웃을 일이다. 알면서도 모른다고 하였다면 비양심적이고 파렴치한 일이다. 모를 리가 없는 일이지만, 백천보를 양보하여 모른다고 하자. 집안에서 일어난 일을, 자기 수족이 한 일을 모른다면 무능한 백치가 아니고 무엇이겠는가! 손바닥으로 하늘을 가리고 안 보인다고 하고, 또 그렇다고 끄덕이며 동조하는 꼴이다. 유치해도 너무 유치하다.

정권을 잡은 소위 지도자들이 공심으로 포부를 채우지 않았기 때문이고, 시민들이 그들의 가슴에 사명감을 북돋아주지 못했기 때문에 나타나는 미성숙사회의 전형적인 모습이다. 그래서 나는 우리 사회는 아직 민주주의가 성숙하지 못했다고 보는 것이다. 그러면 어떻게 해야 하는가? 어떻게 해야 우리 사회의 시민의식이 성숙하고 민주주의가 자리를 잡을 수 있게 될 것인가?

참된 삶의 세계를 보고 듣고 말하고 실천할 수 있도록 가르쳐야 한다. 사심을 버리고 공심을 따라가도록 가르쳐야 한다. 이제는 새로 세상을 만나는 젊은이들에게 희망을 건다. 젊은이들이여! 정말 아주 조금이라도 좋으니 제발 나 하나를 넘어선 보다 넓은 세상을 생각하는 삶을 생각하며 살기 바란다. 그러다 보면 모르는 사이에 아름다운 세상을 밟게 될 것이다.

길은 외길이고, 지름길은 없다. 조급증을 버리고 정도(正道)를 지켜 꾸준히 걸어나가면 된다. 교육은 30년을 기본 단위로 하는 사업이다. 다시 말하면, 30년을 길다고 생각하면 안 된다. 30년을 1단위년으로 하여 올바른 정신으로 실천해 나가면 된다. 조금만 가면 살만한 세상, 아름다운 세상이 기다리고 있는데 천년인들 못 기다리겠는가!

# 눈으로 보는 민주주의에서 귀로 듣는 민주주의로

2009년 6월 25일 목요일(음력 윤5월 3일)

오늘의 목요대화에서는 아이스크림을 준비했다. 여럿이 함께 먹을 수 있을 것 같아 그렇게 했던 것인데, 시간이 오래되면서 녹아내리는 바람에 적절한 선택이 아닌 것으로 되고 말았다. 학생들은 바나나를 사왔는데, 맛도 괜찮고 값도 싸거니와 먹기도 편해서 아주 좋았다.

오늘 참석한 사람은 김나은 양, 김태우 군, 오해성 군, 정현석 군과 황정훈 군 등 5명이었다. 학생들이 지난 주 목요대화의 주제가 되었던 민주주의와 시민정신에 대하여 궁금한 것을 묻기도 하였고, 또는 그 내용에 대해 더 자세한 이야기를 듣고 싶어 하였기 때문에 그렇게 하기로 했다. 당초 오늘 이야기할 생각이었던 인간의 심성과 감정에 대해서는 다음 주에 이야기하기로 했다.

최근 우리나라의 국내 상황은 매우 어려운 국면을 맞이하고 있는 것이 분명하다. 그중에서 가장 걱정되는 것이 국론의 분열인데, 극한적 대립으로 치닫고 있지 않은가 우려된다. 노무현 정권이 집권하는 동안에는 특히 국론의 분열상이 극에 달한 것 같다. 그저 생각나는 대로 예를 들어보기만 해도 도대체 몇 갈래로 쪼개져 있는지 다 헤아리지도 못할 지경이다. 남북으로 동서로 좌우로 전후로 빈부로 도농으로 상하로 노소로 On/Off Line으로 갈기갈기 찢어졌다. 면적 10만 ㎢도 안 되는 조그만 나라에서 국론이 이처럼 천만 갈래로 흩어졌으니 기가 막힌 노릇이다. 이것이 '네 탓'으로 일관한 노무현 정권 5년 동안의 기막힌 성적표인 셈이다.

견해의 차이나 대립된 입장은 언제 어디서나 있게 마련이다. 그러나 서로 다른 견해는 절충하고 조율하면 더 좋은 결과를 가져올 수도 있다. 그것이 다양성을 토대로 한 민주사회의 강점이 되는 것이다. 문제는 서로 다른 것을 융화하려는 생각을 하지 않고 지나치게 편 가르기에 몰두했다는 것이다. 철저하게 내 편과 네 편을 갈랐다. 내 편은 노골적으로 끌어안기만 하여 유유상종이 되어버렸고, 네 편은 일방적인 매도의 대상으로 낙인을 찍어 밀어내기만 했다. 결과적으로 사회는 유연성을 잃고 경직되었으며, 미래지향적 비전과 동력은 소진되었다. 이런 식의 정치는 아무리 옳은 기준을 가지고 있다고 해도 성공할 수가 없는 법이다. 그러니 노무현 정권 5년 동안 하루도 조용할 날이 없었던 것이다. 의견과 입장이 다른 상대방을 참지 못하는 경솔하고 협량한 언행이 난무하였다. 대통령이 앞장섰으니 그 밑의 수하들은 말할 것도 없다.

편향적 시각을 버려야 한다. 편향적 시각이야말로 독재가 싹트는 온상이다. 지난 주 말했던 것처럼 군부독재만 독재가 아니다. 민주사회는 다양성을 바탕으로 해야 한다. 삼라만상의 존재 그 어느 것도 일회적이거나 단편적인 접근으로는 전체적인 이해에 이르지 못하는 법이다. 어떤 경우에도 대립과 갈등은 필연적으로 존재하게 마련이다. 그런 대립과 갈등을 여하히 해소하고 발전적인 지향을 찾아내는가가 제대로 된 정치 또는 정치가의 몫이 되는 것이다. 그렇기 때문에 정치가 제 몫을 다하고 사회의 근간이 바로 서게 되려면, 편향적인 시각을 억제하고 양시양비론적 접근에 귀를 기울여야 하는 것이다.

　지성보다 감성이 더 민감한 청년기에는 특수한 사실의 세계를 세밀하게 파고드는 것보다 보편적 원리의 세계에 힘을 기울이는 것이 더 급하다고 본다. 그렇기 때문에 지난 주에 이어진 이야기는 대강 이 정도로 마무리하고 학생들에게 내가 희망하는 것을 말하고자 하였다. 그러나 학생들은 최근의 우리나라 사회상에 관련하여 나에게 더 말해 주기를 바라는 눈치이다. 생각해 보니 편향적 시각을 지양하고 분열을 최소화하는 대안에 대해서는 조금 더 부연할 필요가 있는 것 같다.

　나는 우리나라의 민주주의는 아직 갈길이 멀다고 본다. 최근에 우리 사회에 나타나고 있는 심각한 자기중심적이고 배타적인 경향이 우려의 수준을 넘어선 것 같다. 나와 다른 타자의 세계를 인정하지 않고 혐오하는 풍토가 불식되지 않는 한 민주주의는 생명력을 유지하기가 어렵다. 다른 사람들의 세계를 받아들이고 참을 수 있어야 한다. 그리하여 우리 사회에 일곱 색깔 무지개가 피어야 한다. 다양한 색을 아름다운 파노라마로 승화시킬 수 있어야 한다.

　이른바 민주화 투사들이라고 하는 사람들은 입만 열면 민주주의를 노래하지만 사실 그들이 민주주의를 얼마만큼 잘 알고 있는지에 대해서는 회의적이다. 그런 의문을 확인할 수 있는 증거자료는 많다. 80년대 이후 학생운동이 격화되었을 때의 일이다. 운동권 학생들이 그들의 대표인 학생회장을 선출한다고 말하지 않았다. 투쟁성이 강고한 아무개를 학생회장으로 '옹립'하여 가열찬 투쟁을 전개해 나가자고 했다. 반민주 세력을 깨부수자고 했다. 최근에 일어나고 있는 예를 하나 들어본다. 노무현 전 대통령의 자살 사건에 대해 말하면서 아무 거리낌 없이 '노무현 대통령 각하'라고 한다. 그것도 한 두 사람에 국한되는 현상이 아니다. 아주 부지기수로 많다. 각하나 옹립이라는 말은 소위 민주화 투사들이 가장 혐오하는 독재나 전제왕권 시대에나 가능한 말이다. 그들이 가장 혐오하는 용어를 그들이 가장 존경하는 사람에게 쓰고서도 잘못이라는 생각조차 하지 못하는 것이다. 이쯤 되면, 이들이 추구하는 것이 무엇인지 알 수 없게 되는 것이다. 도대체 이들이 추구하는 민주주의는 어떤 민주주의란 말인가?

사실 우리가 민주주의를 힘써 주장하는 경우에도 민주주의 그 자체를 목적으로 삼는 것은 아니라고 보아야 한다. 민주주의는 우리 인간과 사회가 바람직한 삶을 영위하는데 필요한 하나의 수단이요 방법이요 과정일 뿐이다. 민주주의 자체가 목적이 되는 것이 아니라 바로 그 민주주의 체제를 통해 도달하고자 하는 인간의 꿈과 이상이 실현되는 사회가 목적이 되어야 한다. 현재까지 인류가 발견한 사회체제 중에서는 그래도 민주주의가 바람직한 사회를 구현하는데 가장 적합하다고 생각한다. 여기에 이론(異論)은 없다고 본다. 그렇기 때문에 세계 어느 나라든 하나 같이 민주주의를 지향하고 있다. 심지어 세계에서 가장 비민주적인 집단이 전횡하고 있는 북한까지도 민주주의를 표방하고 있다.

짐작컨대, 우리나라의 민주화 투사들은 진정한 의미에서의 목적의식을 잃어버린 것이 아닌가 생각된다. 숲을 보려는 사람들이 숲에 들어간 다음에는 숲은 보지 못하고 나무만 보는 것과 같은 현상이 벌어지고 있는 것이다. 아무리 아름다운 숲이라고 해도 그 속에 들어가면 잡목도 우거지고 가시덤불도 있게 마련이다. 어떻게 보면 숲이 아름다울 수 있는 것은 이런 다양한 식생이 존재하기 때문에 가능한 것이기도 하다. 아름다운 숲을 찾아간다는 열정만 가지고 맹목적으로 앞으로 돌진하기만 해서는 길을 찾기가 어렵다.

또 길이 막혔다고 잡목과 가시덤불을 마구 짓밟거나 태워 없앤다고 해서 길이 생기는 것도 아니다. 만약 그렇게 해서 정글을 빠져나왔다고 하더라도, 숲의 생태학적 기반이 무너지게 되면 아름다운 숲 자체가 사라지고 말 것이다. 정녕 우리가 바라는 것은 정글을 빠져나오는 것이 아니라, 아름다운 숲을 보는 것임을 명심해야 할 것이다.

민주주의는 투쟁으로 얻어지는 것이 아니다. 숲속에서 길이 막혔다고 감정이 격앙되어 숲의 질서를 마구 파괴해서는 안 된다. 자칫 아름다운 숲 자체를 잃게 될 위험성이 매우 높기 때문이다. 길을 찾으려는 이성적 판단이 필요하다. 심사숙고하여 숲을 지배하는 자연의 질서를 찾아야 한다. 숲을 다치지 않고 길을 찾아야 한다. 그렇다고 해서 이런 생각이 민주주의를 위한 투쟁이 가지는 일정 정도의 가치까지 부정하는 것은 아니다. 다만, 한 가지 분명한 것은 민주주의를 투쟁으로 얻을 수는 있지만, 투쟁이 민주주의를 완성하는 것은 아니라는 점을 통찰해야 한다.

민주주의가 제 자리를 잡으려면, 성찰과 반성이 필요하다. 숲을 지배하는 자연의 질서를 이해해야 한다. 다양한 식생이 만들어내는 숲의 교향악을 들을 수 있어야 한다. 민주주의라는 아름다운 숲을 눈으로 보고 그곳을 향해 달려가는 것이 아니라, 이제는 아름다운 숲의 숨소리를 귀로 들을 수 있어야 한다. 소리를 들으려면, 행동을 멈춰야 한다. 귀를 기울여야 한다. 자아를 멈추고 자아 밖의 세계를 받아들여야 한다. 이것이 성찰과 반성이다. 이런 바탕 위에서 비로소 우리는 자기중심적 세계를 벗어나 타자를 인정하고 받아들일 수 있는 관용의 세계에 눈을 돌릴 수 있게 되는 것이다.

정글 속에서 좁은 시야와 맹목적인 격정으로 인해 변질된 열정을 잠시 멈추고, 숲의 교향악을 들을 수 있는 관용의 정신으로 넓은 시야와 높은 비전을 되찾아야 한다. 나는 이것이 우리나라 민주주의가 정착하는 길로 가는 첫걸음이라고 생각한다. 민주주의는 열정과 투쟁의 품에서 태어날 수는 있지만, 다양성을 긍정하는 관용과 이해라는 자양분이 없으면 온전하게 성숙할 수 없다고 믿고 있기 때문이다.

끝으로, 앞에서 잠시 미뤘던 학생들에 대한 희망과 당부의 말을 하고 싶다. 세상은 넓고 크다. 그러니 적어도 그만큼은 하고 살아야 한다. 좁은 울타리 안에 갇혀서 강퍅한 마음과 알량한 지식으로 아귀다툼이나 하게 되어서는 안 된다. 나는 무한한 가능성을 가지고 넓은 세상을 개척해 나갈 우리 젊은이들에게 바란다. 세상을 넓게 볼 수 있는 눈과 타자의 세계도 품을 수 있는 따뜻한 마음 그리고 정도(正道)를 걷는 지성을 갖추었으면 한다. 이것이 답답한 요즘 시국을 보면서 갖는 나의 간절하면서도 작은 원망(願望)이다.

## 살림의 지혜, 일회용 종이팩 도마

2009년 7월 2일 목요일(음력 윤5월 10일)

어제는 심한 갈증이 있어서 은근히 걱정이 되었는데, 오늘은 그런 증세가 없다. 아마 음식을 짜게 먹어서 그랬던 모양이다. 다행이다. 숙소에서 해야 할 손님 맞을 준비는 대강 마쳤다. 욕실까지 깨끗하게 정리하였다. 빨래 한 가지가 남았는데, 오후에 하면 된다.

오후에는 황 군과 같이 가고시마 대학내에 있는 '생협'에 들러 자동차를 빌렸다. 내일 9시부터 6일 9시까지 3일간이고 가격은 보험까지 포함하여 18,950엔이다. 차종은 도요다로 하였다. 아리무라 상에게도 전화하여 차(茶)에 관련된 곳을 소개 받기로 하였다. 아리무라 상이 월요일에는 시간이 넉넉하다고 한다.

저녁 7시에 가네코 교수와의 저녁식사를 위해 한국음식점 '부산'에 전화하여 자리를 예약하였다. 황 군에게도 같이 가자고 했다. 내가 일본어가 안 되기 때문에 황 군이 여러 가지로 수고가 많다. 미안하지만 현재로서는 어쩔 수 없는 일이다. 식당에서 시로야마 호텔에 근무하는 손윤경(孫閏京) 양을 만났다.

우유 팩이나 음료수 팩을 버리지 않고 모아두었다가 일회용 도마로 사용하고 있는데 아주 좋다. 많은 사람들에게 알려주기 위해 '살림의 지혜 : 일회용 종이팩 도마'라는 제목으로 아래와 같은 내용을 다음(daum)의 블로거 뉴스에 게시하였다.

최근 4개월 정도 생전 처음으로 자취생활을 하고 있습니다. 앞으로도 7개월 정도는 더 해야 합니다. 물론 100% 그렇다는 것은 아니지만, 음식 재료를 사거나 요리를 하거나 냉장고를 관리하는 등등 살림살이에 제법 재미가 납니다.

재미가 나는 이유 중의 하나가 여러 가지 살림의 지혜를 얻을 수 있기 때문입니다. 이미 알고 계시는 분도 있겠지만, 그런 살림의 지혜 중에 혼자만 알기에는 너무 아깝다는 생각이 드는 것이 있어 알려 드리고자 합니다. 참고하시기 바랍니다.

종이팩 도마의 재료는 말 그대로 1000ml 이상의 우유나 음료수를 담았던 종이팩입니다. 도마로 용도를 변경하는 방법도 아주 간단합니다. 우유나 음료수를 마시고 난 뒤에 빈 종이팩을 버리지 말고 깨끗하게 세척하여 말린 다음 전개도대로 칼로 잘라서 사용하면 됩니다.

종이팩 도마는 특히 자취와 같은 1인 살림의 경우 아주 유용합니다. 도마를 사용할 음식 재료가 많지 않기 때문에 일회용 종이팩 도마 한 장 정도를 바닥에 펴고 사용한 뒤에는 분리수거하여 버리면 됩니다. 다인수 살림인 일반 가정의 경우에도 다양하게 활용할 수 있습니다. 생선이나 고기 등을 다룰 때 준비해 둔 일회용 종이팩 도마를 사용하고 버리면, 보통 사용하는 나무 도마나 플라스틱 도마에 냄새가 배거나 세균이 기생하는 것을 염려하지 않아도 되기 때문에 아주 좋습니다.

일회용 종이팩 도마는 육류나 생선류 또는 기름진 것 등을 다룰 때 사용하고, 나무 도마는 채소나 과일 등 신선한 것을 다룰 때 사용하면 좋습니다. 다시 말하면 일회용 종이팩 도마를 사용하게 되면, 도마 사용을 용도별로 전문화할 수 있어서 아주 편리합니다.

이미 대강 말씀 드렸지만, 장점이 한두 가지가 아닙니다. 무엇보다도 우선 위생적이라는 것입니다. 나무 도마에 냄새가 스며들거나 음식찌꺼기가 달라붙게 되면, 바퀴벌레나 파리 등 해충이 모여들거나 세균이 번식하기 쉽습니다. 그러나 일회용 종이팩 도마를 사용하고 버리면, 전혀 그럴 염려가 없게 됩니다.

경제적이기도 합니다. 나무 도마를 사용했을 경우에는 세척하기 위해 물을 써야 합니다. 종이팩 도마는 물을 쓰지 않아도 되므로 자원 보존 및 재활용의 효과를 얻을 수 있습니다. 한 사람이 아니고 전 국민이 이렇게 한다고 보면, 그 경제적 가치는 상당할 것입니다.

분리수거에도 도움이 될 뿐만 아니라 환경친화적인 주방관리 및 청결한 음식문화에도 큰 도움이 될 것입니다.

장점에 비하여 단점은 아주 미미합니다. 단점은 거의 없다고 봐도 될 정도입니다. 얇고 가벼워서 사용할 때 흔들리는 것이 단점이라면 단점입니다. 그나마 양파 한두 개와 같이 간단한 재료를 다룰 경우에는 거의 문제가 되지 않습니다. 양이 많은 재료를 다룰 경우에는 나무 도마 위에 일회용 종이팩 도마를 깔고 테이프 등으로 고정한 다음 사용하면 간단하게 해결됩니다.

# 카시코마리마시타 정신

2009년 7월 7일 화요일(음력 윤5월 15일)

내일이면 아내가 한국으로 돌아간다. 구경은 그만하고 오늘은 내 생활에 관련된 것들을 점검하자고 한다. 다이소(백엔숍), 데포(운동용품점), 니시무타 등에서 필요한 물건을 구입했다. 특히 니시무타에서는 여러 가지 식재료들을 요리하는 방법에 대해 배웠다. 많은 도움이 되었다. 어차피 내 방식대로 하겠지만…

늘 느끼는 것이지만, 이곳에서는 상가나 관공서를 막론하고 고객에 대한 서비스에 최선을 다하고 있어서 기분이 좋다. 고객이어서 불편하거나 기분이 언짢아졌던 기억이 거의 없다. 점원의 친절은 말할 것도 없거니와 매장의 구성에서부터 상품의 진열에 이르기까지 소비자의 입장을 세심하게 배려하고 있다. 그 뿐만이 아니다. 제품 생산에 있어서도 그렇다. 디자인에서부터 신제품 개발에 이르기까지 소비자들이 무엇을 원하고 있는가를 기가 막히게 파악하여 제품에 반영하고 있는 것이다. 아내 역시 탄복한 눈치이다.

덴몬칸까지 가볼 예정이었지만, 다이소에서 시간을 많이 썼기 때문에 바로 숙소로 돌아오고 말았다. 오후에 숙소에서 쉬고 있는데, 오자키 상에게서 전화가 왔다. 아내에게 저녁식사를 대접하고 싶다고 한다. 도쿄에 갔다

오느라고 아내를 만나지 못한 것이 마음에 걸려서 그러는 것이다. 그 마음이 고마워서 사양하지 않았다.

6시 20분경 오자키 상 내외가 차를 가지고 숙소로 왔다. 황 군도 같이 왔다. 그렇게 다섯이 쥬안(壽庵)이라는 구로부타(黑豚) 전문점으로 갔다. 구로부타는 흑돼지인데, 가고시마 특산으로 유명하다. 아내도 인터넷을 통해 이미 알고 있었고, 먹어보고 싶었다니 잘 된 일이다. 주 요리는 구로부타 샤브샤브였다. 아내는 돼지고기 샤브샤브는 처음인데, 맛이 좋다고 한다. 한국에 가서도 해먹겠다고 하는 것으로 보아 예의상 하는 얘기가 아닌 것 같다.

이런저런 이야기를 하며 즐겁게 식사를 하였다. 그런데 내가 아내를 '주인님'이라고 하는 것이 또 다시 화제가 되었다. 아내가 오기 전에 아리무라 상과 오자키 상에게 '주인님'이 오실 예정이라고 말한 적이 있었다. 그때 놀라던 두 사람의 표정이 지금도 역력하다. 일본에서는 남편을 슈징(主人), 아내를 쓰마(妻)라고 한다.

일본인들이 아내를 부를 때 쓰는 '쓰마'란 말에는 다른 의미도 있다. 생선회에 곁들여 나오는 야채 등을 '사시미노쓰마(刺身の妻)'라고 하는 것이다. 생선회에 나오는 야채는 생선회를 돋보이게 하는 것일 뿐 그 자체는 보잘 것 없는 것이다. 다시 말해 일본인들에게 있어서 슈징(남편)은 생선회와 같은 존재이고, 쓰마(아내)는 생선회를 보조하는 야채와 같은 존재인 것이다.

그런데 생선회와 같은 슈징이 야채와 같은 쓰마를 쓰마라 하지 않고 슈징이라고 하니 놀라지 않을 수 없었을 것이다. 내가 왜 쓰마를 슈징이라고 하는지 말해 주었더니 두 사람이 재미있다고 '오모시로이(おもしろい)'를 연발했었다.

아내가 있는 자리에서 다시 그것을 묻는 것을 보니 오자키가 어지간히 궁금했던 모양이다. 그래서 다시 쓰마를 슈징이라고 하는 이유에 대해 설명한 다음, 농담으로 그러는 것이라고 했다. 물론 농담이지만 한편으로는 생활의 지혜(?)라고 할 만한 점이 없는 것도 아니다. 대개의 경우 부부가 살면서 서로 자기주장만을 내세우게 되면, 그것처럼 어렵고 힘든 일도 없다. 피차간에 상대방을 슈징으로 생각하면 좋겠다. 다시 말하면 자기주장보다 상대방의 입장이나 생각을 먼저 배려하고 인정해 주려는 자세가 필요하다는 말이다.

말로만 슈징이라고 하면 안 된다. 슈징이라는 말을 뒷받침하는 태도와 행동이 뒤따라야 한다. 그것은 바로 카시코마리마시타(かしこまりました) 정신이 있어야 가능하다. 카시코마리마시타는 '받들어 모시겠습니다' 또는 '분부대로 하겠습니다' 정도의 의미이다. 일본의 상점에서 점원이 고객에게 많이 쓰는 말 중의 하나가 이 카시코마리마시타이다.

내가 농담으로 말하는 슈징이나 카시코마리마시타는 남편과 아내의 경우에만 해당되는 것은 아니다. 가정에 국한되는 것만은 아니다. 꼭 농담으로만 볼 것도 아니다. 언제 어디서나 카시고마리마시타의 정신을 가지고 있으면, 이 세상 그 어떤 일이라 하더라도 어렵지 않게 해낼 수 있을 것이다. 누구나 요술램프의 지니가 될 수 있는 것이다. 세계 제2의 경제대국 일본은 바로 이 수 많은 '지니'들이 만들어 낸 요술인지도 모른다.

저녁식사를 하는 동안 나는 수도 없이 카시코마리마시타를 했는데, 마침내 과묵한 오자키 교수까지 자신의 쓰마인 오자키 상에게 '카시코마리마시타'를 하게 되었다. 내 말을 실없는 허튼소리로만 듣지 않았던 것이다. 오자키 교수는 오자키 상의 고슈징(다른 사람의 남편은 고슈징이라 한다)인데, 가고시마대학교에서 문화인류학을 가르치고 있다. 과묵한 오자키 교수의 카시코마리마시타에 더 큰 웃음꽃이 활짝 피게 되었고, 그 뒤로는 모두가 꾸밈없이 카시코마리마시타를 계속 읊었던 것 같다.

오자키 부부도 황 군도 아내도 나도 모두 서로에게 고마웠다. 재미있고 즐거운 시간이었음을 재삼재사 확인하면서 헤어졌다. 오자키 교수 부부가 마련해 준 오늘 저녁식사의 즐거운 추억을 두줄시 '그래서 좋은 날'에 보관해 둔다.

그래서 좋은 날
구로부타 샤브샤브로 배를 채우고
카시코마리마시타로 아집을 비워

## 인사는 꼭 챙겨야 한다

2009년 7월 10일 금요일(음력 윤5월 18일)

한국어 공부반 모임에 참석하였다. 아내를 친절하게 정성껏 맞이해 준 아리무라 상과 오자키 상에게 다시금 고마운 인사를 했다. 아내의 인사도 전했다. 답례하는 뜻에서 한국음식점 '부산'에서 저녁식사를 대접하기로 했다.

나는 부대찌개를 싫어하기 때문에 거의 먹어본 적이 없다. 맛도 그렇지만, 이름이 영 마음에 들지 않기 때문이다. 그런데 오늘은 맛이 아주 좋았다. 손님을 초대한 터라 내심 걱정이 됐었는데, 다행이다. 아리무라는 맵지만 맛이 있다고 한다. 땀을 뻘뻘 흘리면서도 한국 음식을 열심히 먹으려는 자세를 보인다. 한국 음식을 잘 먹어야 한국어 실력이 쑥쑥 늘어난다는 내 말을 믿는 것인가?

오자키 상에게는 지난 번 상량식에 갔을 때, 인사를 제대로 못해서 미안하다고 했다. 풍속이 서로 다르기 때문에 어떻게 해야 되는지 잘 몰라서 그렇게 됐다. 늦었지만 일본 사람들이 즐겨 하는 단카(短歌)로 인사를 대신한다. 물론 이 단카의 시격(詩格)은 불문에 부쳐야 한다. 일본어나 단카를 잘 모르기 때문이다. 엄밀하게 말하자면 이것은 일본의 단카가 아니고 한국형 단카인 셈이다. 다만 축하 인사를 한다는 내 마음만 받아주면 된다. 대강 이런 내 의사와 단카의 내용을 황 군의 도움을 받아 전했다.

상량식

새 집이라도
마음으로 가꾸면
고향이 되리
미리 갈 수 없는 삶
오는 대로 따를 뿐

처음에는 아래와 같이 두줄시로 생각했었지만, 오자키에게는 두줄시보다 단카가 익숙할 것 같아서 바꿔 본 것이다.

상량식

새 집도 마음으로 가꾸면 고향이 되리
미리 갈 수 없는 삶 오는 대로 따를 뿐

## '사쓰마아게'탕과 요리 강의(?)

2009년 7월 30일 목요일(음력 6월 9일)

이번 주 목요대화에는 황정훈 군을 비롯하여 김나은 양과 정현석 군이 참석하였다. 학생들은 자신들에게 도움이 되는 이야기를 많이 듣고 있기 때문에 강의라고 하지만, 나는 일방적인 강의보다는 양방통행적인 토론이나 대화라고 하는 것이 좋다고 생각한다.

오늘의 대화(강의)의 주제는 요리였다. 학생들에게 사쓰마아게탕을 만들어 주었는데, 대호평(?)을 받았다. 사쓰마아게는 오뎅과 같은 것으로 보면 된다. 이 지역을 대표하는 특산품으로 유명하기 때문에 한번 먹어보고 싶었던 것이다. 요리는 물론 내 방식대로 했다. 사쓰마아게를 냄비에 넣고 무, 청양고추, 마늘, 고춧가루, 간장과 함께 물을 많이 잡아 팔팔 끓이기만 하면 된다. 간장도 절대 왜간장은 안 된다. 단맛 때문에 음식 맛을 버리기 때문이다.

오늘의 내 요리를 자평하자면, 국물이 시원해서 그런대로 먹을 만했다. 난생 처음 만든 요리치고는 성공한 셈이다. 학생들이 물을 더 붓고 한번 더 끓여먹자고 한다. 그들이 맛있다고 한 말이 빈말은 아닌 듯하다. 그렇지만 단맛이 나기 때문에 좋은 점수를 매길 수는 없다. 주 재료인 사쓰마아게 자체에 이미 단맛이 가미되어 있어서 어쩔 수 없는 것이기는 하지만…

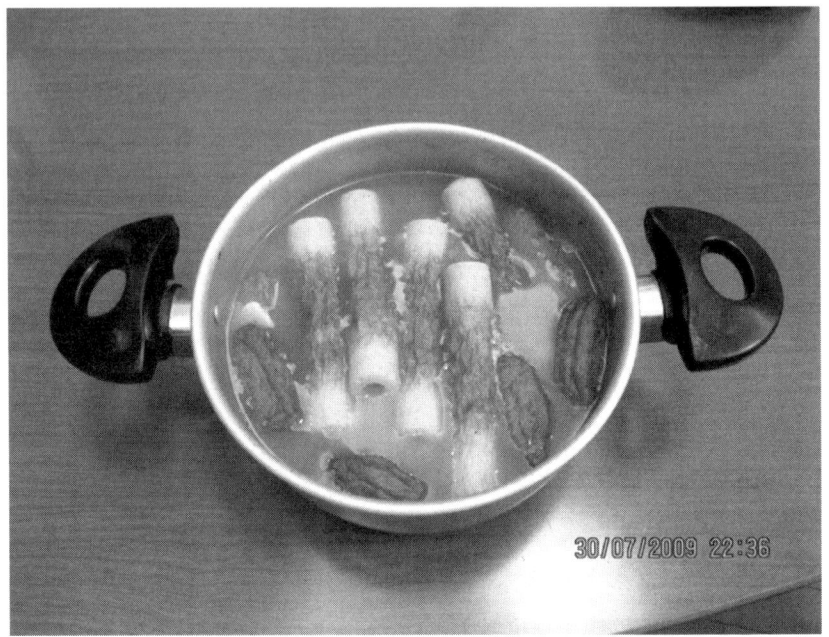

득의의 사쓰마아게탕

사쓰마아게탕은 이 뒤로 한번 더 만들어 보았는데, 더 이상 먹고 싶은 생각이 없다. 사쓰마아게 자체의 단맛을 없앨 수 있는 방법이 없기 때문이다. 생선 자체가 가지고 있는 맛이 좋은데, 왜 설탕을 넣어 그 맛을 죽이는지 도대체 알 수 없을 일이다. 그렇게 단맛이 그리우면, 따로 설탕을 한 숟가락 퍼 먹으면 되지!

사스마아게탕과 함께 나가사키 여행의 에피소드로 시간 가는 줄 몰랐다.

다음에는 후쿠오카 방면으로 여행을 떠나기로 했다. 4명 정도로 팀을 구성하여 가게 되면, 심심하지도 않고 경비도 절약되어서 좋다. 물론 피차간에 일정상 무리가 없어야 한다. 일정이나 참여자 등은 황 군이 주선하기로 했다.

경비가 부담스럽지 않을 수야 없지만, 절약만이 능사는 아니다. 관점을 바꾸어 생각해 보라. 현재 유학중인 가고시마나 큐슈 정도를 여행하는 것은 손바닥을 뒤집는 것처럼 쉽다. 만약 한국에서부터 이 일대로 여행을 온다고 치면, 시간이나 경비가 몇 곱절은 더 들 것이다. 어차피 외국에 나와 유학하고 있는 만큼, 현재의 그러한 이점을 최대한 활용할 필요가 있다.

기왕 한 김에 잔소리 한 마디 더 했다. 여행은 어차피 일탈을 추구하거나 수용하려는 것이라고 볼 수 있지 않는가? 그렇다면, 늘 똑같이 반복되는 일상에 한번 쯤 변화를 시도해 보는 것도 괜찮은 일 아니겠는가? 아르바이트 해서 번 돈 좀 써라!

# 싫은 소리도 잘 한다

**2009년 8월 19일 수요일(음력 6월 29일)**

저녁식사는 고바야시 교수의 요청으로 성결대학교 방문단과 함께 했다. 방문단 인솔책임자인 구본영 교수와 인사를 나누었다. 명함을 건네자 구 교수가 반색을 한다. 공주가 고향이며, 외래강사로 공주대학교에서 강의도 했었다고 한다. 전공은 경제학이고 현재는 지역사회개발에 관심이 많다고 한다. 이번 방문도 일본의 '지역 만들기'에 대해 알아보기 위한 것이라 한다.

식사와 함께 진행된 양 대학간의 교류회가 끝나갈 무렵, 치바 교수의 간청(?)으로 오늘 교류회의 직접적인 당사자도 아닌 나에게 발언의 기회가 주어졌다. 덕담이 아닌 싫은 소리에 가까운 이야기를 했다.

첫째, 늘 하는 얘기이지만 가고시마는 근대 이후 일본의 성장에 근원적인 에너지를 제공한 태반과 같은 곳이다. 근대일본의 심장과 같은 곳이다. 화산 구경하고 온천욕하고 골프나 치고 하는 그런 곳으로만 보아서는 안 된다. 이곳에 온 이상 숨 가쁘게 격동하였던 근대사의 현장을 직접 보고 듣고 느끼고 돌아갈 필요가 있다. 그 뿐만 아니라 가고시마를 비롯한 큐슈의 곳곳에 고대한국의 선진문명의 흔적이 산재하고 있다. 그런 까닭 때문인지는 모르나 이곳 사람들이 다른 지역의 일본인들보다 전통을 중시하는 경향이 강하다. 특히 가고시마 사람들은 일본인 중에서도 걸음걸이가 가장 느린 것으로 알려지고 있다. 가고시마는 일본의 충청도와 같은 곳이라고도 할 수 있다. 여행을 즐기는 것도 좋지만, 모처럼 시간을 내서 온 보람도 생각하기를 바란다.

둘째, 성결대 방문단 일행 중 한 사람인 김형준에게 말했다. 김 군은 현재 중국 베이징 대학에서 경영학을 공부하고 있는데, 성결대 평생교육원에 다니는 어머니와 함께 이번 방문단에 참여하였다고 한다. 김 군에게 아메바 경영으로 이름난 '교세라'의 이나모리 가즈오 회장에 대해 이야기 해주었다. 이나모리 회장은 가고시마 출신이다. 그는 자서전에서 어린 시절 사쓰마 특유의 고쥬교육을 체험하였으며, 그러한 경험이 자신의 성공에 큰 밑거름이 되었음을 밝히기도 하였다. 가고시마 대학에는 그가 출연한 기부금으로 세워진 이나모리 회관이 있다. 김 군도 경영학을 공부하는 만큼 이나모리 가즈오 회장처럼 성공하여 세상을 위해 도움이 되는 일을 하기 바란다.

셋째, 성결대 방문단 학생들이 자기소개를 할 때, 거의 대부분 평생교육사가 되기 위해 공부하고 있다고 말하였다. 물론 그것도 의미가 없는 것은 아니지만, 조금 생각을 바꿨으면 좋겠다. 평생교육을 공부한 다음, 그것을 활용하여 무엇을 할 수 있는가를 생각했으면 좋겠다. 다시 말하면, 자신을 위해 평생교육사가 되려고 하지 말고, 평생교육사가 된 다음 자신이 속해 있는 사회를 위해, 세상을 위해 무엇을 할 수 있는가에 대해 생각하고 공부했으면 좋겠다.

## 선철(先哲)의 가르침에 헛말은 없다

2009년 8월 26일 수요일(음력 7월 7일)

황 군이 가족과 함께 가고시마에 도착했다고 한다. 아내가 황 군에게 부탁하여 반찬 등 생필품 몇 가지를 보내주었다. 아내는 더 많이 보내주고 싶어 했지만, 필요한 것 몇 가지만 보내라고 했었다. 혼자 살림이기는 하지만 어느덧 살림에 문리(文理)가 터졌기 때문이다.

그런데 내 살림에만 신경을 쓰다 보니 중요한 일 한 가지를 그르치고 말았다. 제주대 유학생 이지혜 동지가 귀국하는 자리에 가지도 못했을 뿐만 아니라 전화 한 통화도 하지 못했다. 일부러 찾아와 인사도 하고 점심까지 같이 먹었는데도 그만 까맣게 잊었던 것이다. 그야말로 찰나지간에 나만 생각하는 이기적인 생활의 함정에 빠지고 말았던 것이다. 미안하기 짝이 없는 일이다.

이제 내가 할 수 있는 일이라고는 나중에 사과하는 것 밖에 없다. 언제 만나게 될지도 모르는 일인데… 이런 낭패가 또 있겠는가!

이 세상 어떤 일도 처음부터 크고 작은 범위가 미리 정해져 있는 것은 없다.

나에게는 작은 일이지만 다른 사람에게는 큰일일 수도 있다. 마찬가지로 내 겐 큰일이지만 다른 사람에겐 작은 일일 수도 있다.

어떤 일이든 그것이 나의 일이 되면 큰일이 되고, 남의 일로 남아 있으면 작은 일에 불과한 것일 뿐이다. 나의 일이 된다는 것은 무엇인가? 나의 관심의 연장(延長)이 거기까지 이르렀다는 것을 의미한다. 남의 일이란 내 관심의 연장이 거기에 이르지 않았다는 것을 말한다. 결국 어떤 일이 큰일이 되거나 작은 일이 되는 것은 내 관심의 연장이 그 일에 이어졌는지 여부에 달려 있는 셈이다.

누군가가 어디를 오고 가는 일은 흔한 일이다. 그러나 이지혜 양이 귀국하는 일은 이지혜 양의 관심이 집중되어 있으니 그녀에게는 큰일이다. 나는 그 일에 관심을 두지 않았으니 작은 일이 되고 만 것이다.

그런데 일전에 이지혜 양이 내게 귀국인사를 했었다. 그녀와 나의 관심의 연장이 이어진 것이다. 다시 말해서 이지혜 양의 큰일이 내게도 큰일이 된 것이다.

그런데 나는 그것을 깨닫지 못하고 남의 일처럼 생각하여 까맣게 잊고 있었던 것이다. 선철(先哲)의 가르침이 헛말이 아님을 절감하고 또 절감하였다. 조심하고 또 조심할 일이다.

# 용기 재활용은 제품디자인에서부터

2009년 8월 27일 목요일(음력 7월 8일)

머지 않은 장래에 환경 문제가 지구촌에서 가장 절실한 화두가 될 것이 틀림없다. 환경을 생각하지 않는 개인, 기업, 사회, 국가는 어떤 이유로도 정당화되기 어려울 것이다. 환경을 위해서는 소비를 줄이는 동시에 소비된 자원의 재활용률을 최대한 제고해야 한다. 보다 근본적으로는 교육을 통해 사물을 존중하는 삶의 태도를 배양하는 것이 절실하게 요청된다.

필연적으로 공급과잉 상태가 수반되는 자본주의적 생산과 소비 형태는 제한된 지구촌의 자원을 고갈시키고 환경을 황폐화하여 심각한 재앙을 초래할 것이다. 이러한 자본주의 경제 시스템은 마치 끊어진 철로 위를 달리는 폭주기관차와 같다. 환경친화적인 생산과 소비를 지향하는 새로운 산업 패러다임이 나오지 않는다면, 미구에 자원이 고갈되고 환경이 파괴되어 인류문명이 커다란 위기에 봉착하게 될 것이다.

이처럼 절박한 환경 문제의 해결을 위해서는 이론적 연구도 중요하지만 환경을 생각하는 생활의 실천이 더 시급한 과제라고 생각한다. 그렇기 때문에 가급적 환경을 해치지 않는 생활을 하기 위해 노력한다. 무엇이든지 사용하고 난 뒤 버릴 때에도 재활용할 수 있는지 여부를 생각해 본다.

이런 점에서 해월(海月) 최시형(崔時亨)의 삼경사상(三敬思想)은 가히 선구적이라 할 만하다. 경천애인(敬天愛人)에서 더 나아가 경물(敬物)까지 강조하고 있기 때문이다. 물론 해월의 경물론(敬物論)이 전무후무한 독보적인 주장은 아니다. 우리 삶의 세계에 내재하고 있는 평범한 진리 가운데 하나일 뿐이다. 생각하며 사는 사람들이라면 충분히 짐작하고도 남는 것이다. 천지인(天地人)이나 경천애인의 사상 속에 이미 모든 존재를 함부로 해서는 안 된다는 '경(敬)'의 정신이 들어있다. 하지만, 이런 사실이 경물(敬物)의 인식을 실천의 지평으로 이끌어 낸 해월의 공을 퇴색시키는 것은 아니다.

오늘 분리수거를 하면서 PET병을 재활용해 보았다. 사진 맨 왼쪽은 2리터들이 물병을 개조해 만든 '야채통'이다. 병목에서 몸통으로 이어지는 병의 어깨부분을 자르면, 자른 부분이 병의 몸통 속으로 들어가게 된다. 병의 높이는 수납공간의 조건에 맞게 잘라 조절하면 된다. 여기에 야채류를 씻어서 갈무리해 두면 오염되지도 않고 쉽게 시들지도 않는다. 개조한 뚜껑을 통해 통기가 되므로 야채가 뜨는 일도 없다.

왼쪽에서 두 번째는 1리터들이 물병을 개조한 '과일바구니'이다. 만드는 방법은 야채통과 같다. 부피가 작고 양이 적은 것을 갈무리해 두면 좋다.

오른쪽 두 개는 2리터들이 물병으로 만든 '물잔 덮개' 또는 '다용도 덮개'다. 물이나 차, 음료수, 우유, 커피 등을 마실 때 사용하면 좋다. 먼지도 타지 않고 곤충도 침범하지 못한다. 식탁, 거실, 서재, 사무실 등 어디서고 간편하게 이용할 수 있다. 개인용 잔이라면, 하루 이틀 정도는 씻지 않고 사용해도 된다. 투명하기 때문에 내용물의 상태를 확인하기도 편리하다.

PET병의 재활용

　PET병을 재활용하기 위해 개조하는 동안 새로운 아이디어가 떠올랐다. 제품을 개발하고 디자인하는 단계에서부터 재활용을 고려해야 한다. 지금까지의 상품디자인의 큰 흐름은 어떻게 하면 소비자의 호기심을 유도하여 판매실적을 올릴 것인가에 집중하여 왔다. 이제는 거기에 재활용 가능성까지 고려하는 디자인을 해야 한다. 용기의 재활용과 환경을 생각하는 디자인의 혁명이 필요하다. 제품디자인에서부터 재활용을 생각하고 만들고, 가능한 재활용 방법까지 용기에 표기해 주면 더 좋다.

　이런 아이디어를 받아들이는 회사가 있을까! 어떤 상품에서 채택할 것인가! 알 수 없는 일이다. 내 아이디어 자체는 무시당할 수도 있겠지만, 기본 정신만은 버림받지 않기를 간절히 바란다.

## 운동의 3원칙

2009년 9월 1일 화요일(음력 7월 13일)

일상생활에서 꼭 지켜야 할 것이 많다. 그 중에 건강을 빼놓을 수 없다. 건강해야 무슨 일이든 씩씩하게 해낼 수 있기 때문이다. 건강의 중요성을 아는 것만으로는 부족하다. 실제로 건강을 지키고 유지할 수 있어야 한다. 가고시마에 온 뒤로 건강이 중요하다는 것을 머리가 아닌 몸으로도 실감하게 되었다. 다행이다. 이제 앞으로 건강을 위해 어떻게 할 것인가? 몇 가지 생각을 정리하여 기억하고자 한다.

건강을 위해 무엇을 어떻게 할 것인가? 우선 건강에 해가 되는 것과 도움이 되는 것을 판단하고 취사선택할 수 있어야 한다. 그러자면, 사물의 이치를 꿰뚫어 볼 수 있어야 한다. 그 다음으로는 아는 대로 실천하면 된다. 실천의 방향은 두 가지이다. 나쁜 것은 버리고 좋은 것을 가지면 된다.

첫째, 무리(無理)한 생활습관을 고쳐야 한다. 이치에 맞지 않는 생활습관보다 나쁜 것은 없다. 입는 것이 너무 많아도 좋지 않고, 너무 적어도 좋지 않다. 마찬가지로 먹는 것도 그렇고 잠자는 것도 그렇다. 일거수일투족이 이치에 어긋나지 않도록 잘 살펴야 한다. 고칠 것은 고치고, 조심할 것은 조심해야 한다.

둘째, 합리적인 생활습관을 가지도록 노력해야 한다. 합리적인 생활습관 중에서 적당한 정도의 운동보다 좋은 것이 없다. 물론 먹는 것이야 기본이다. 운동이 몸에 좋다고 먹지도 않고 운동만 하는 바보는 없을 것이다. 어쨌든 운동을 하게 되면 식욕이 증진되고, 맛있는 식사는 건강에 도움이 된다. 매일 1시간 정도 땀에 흠뻑 젖을 정도로 운동을 하는 것이 좋은 것 같다.

운동은 어디서나 할 수 있다. 방에서 할 수 있고, 주방에서도 할 수 있다. 자전거를 타는 것도 운동이 된다. 체육관이나 경기장에 가지 않아도 된다. 더구나 돈까지 들여서 헬스클럽 같은 곳을 갈 필요는 없다. 어디서든 건강에 도움이 되는 운동만 할 수 있으면 된다.

운동의 종류를 가릴 것도 없다. 걷기든 뛰기든 테니스든 맨손체조든 무엇이든 여건에 따라 몸을 움직여서 신체의 기능을 증진하고 활성화시키면 된다.

운동용구가 없어도 얼마든지 할 수 있다. 예를 들면, 줄이 없는 줄넘기도 할 수 있다. 줄이 있다고 생각하고 넘으면 그것도 운동이 된다. 줄을 넘으려고 줄넘기를 하는 것이 아니라 운동을 하려고 줄넘기를 하는 것이기 때문이다. 테니스도 마찬가지이다. 테니스를 위해서 공을 치는 것이 아니라, 내 몸의 건강을 위해서 공을 치는 것으로 생각하면 된다. 무엇을 하든 땀이 배일 정도로 하면 운동이 되고 건강에 도움이 된다.

다른 사람들의 눈치를 볼 필요도 없다. 운동이 남에게 보여주려는 것이 아니라 자신의 건강을 위한 것이기 때문이다. 건강을 위한 운동의 원칙 세 가지를 생각해 보았다.

첫째, 나는 생계를 위해서 운동을 하지 않아도 된다. 그렇기 때문에 어떤 운동이든 선수처럼 하지 못해도 상관없다. 내 사지육신의 기능이 원활하게 움직일 수 있으면 된다. 잘 하려는 욕심으로 무리하게 되면, 부상을 당하기 쉽다. 그러면 건강을 위한 운동이 도리어 건강을 해치는 꼴이 된다. 각별히 조심해야 한다.

둘째, 운동은 지속적이고 규칙적으로 해야 한다. 가능하면 어떤 형태로든 매일같이 운동을 해야 하며, 적당량을 지키도록 해야 한다.

셋째, 운동의 효율성을 생각해야 한다. 운동을 했는데도 몸이 가뿐해지기는커녕 피로감이 가중되어서는 안 된다. 운동 시간, 강도, 양 등을 효율적으로 안배해야 한다. 대체로 한 시간 운동을 할 경우라면, 5-10분 정도 준비운동으로 몸을 풀고, 본 운동을 40분 정도 한 다음 5-10분 정도 정리운동을 하면 된다.

이렇게 운동을 해서 몸의 상태가 최고조로 활성화된 상태에서 땀을 씻고 휴식을 취했을 때의 고조된 기분은 경험해 본 사람만이 알 수 있다. 내 경험에 의하면 천국이나 선경이 따로 있는 것이 아니다. 거기가 바로 천국이요 선경이다.

# 테니스가 아니라 도(道)를 친 것이다

2009년 9월 23일 수요일(음력 8월 5일)

오늘따라 공이 잘 맞지 않는다. 걸핏하면 빗맞아서 이리저리 공 주우러 다니기가 귀찮을 정도였다. 지칠 정도로 수도 없이 공을 주웠다. 그러다 보니 문득 공 줍는 일에도 도(道)가 있다는 생각이 들었다.

그런데 도는 무엇인가?
도는 이치(理) 밖에 있지 않으며,
이치는 사물(事物)을 벗어나지 않는다.
도리(道理)는 사물의 이치를 어기지 않는 것이니,
이치대로 하면 얻을 수 있을까?

공이 멀리 퉁겨져 굴러가고 있을 때, 공이 멈추기를 기대하지 말아야 한다. 처음부터 전력을 다해 쫓아가야 한다. 대개의 경우 공이 멈추어 주기를 바란다. 그러나 내 마음과는 달리 공은 더욱 멀리까지 굴러가버리고 만다. 결국 처음에 멈칫거린 만큼 차질이 생기고, 꼭 그만큼 더 수고해야 한다. 처음부터 전력을 다해 쫓아갔다면, 쓸데없이 허비하게 되는 시간과 노력을 아낄 수 있을 것이다.

그래!
오늘은 테니스를 친 것이 아니라
도(道)를 친 것이다

## 조심(操心)하면 세상이 편안하게 된다

2009년 10월 12일 월요일(음력 8월 24일)

아침에 운동을 하려고 카모이케 운동공원에 갔다. 매일 왕복하는 길이므로 거의 무의식적으로 다닌다. 가고시마대학 수산학부 쪽에서 이부스키(오른쪽)와 기리시마(왼쪽) 방향으로 통하는 225번 도로를 건너면 운동공원이다. 이 도로는 가고시마 시내에서 가장 교통량이 많은 큰 도로이다.

신호등을 기다리는 횡단보도 앞에 왔을 때, 신호가 막 바뀌는 참이었다. 대개 사람들은 신호가 바뀌기 전에 미리 예상하고 횡단보도에 발을 들여놓는 경우가 많다. 한국만 그런 줄 알았는데, 이곳 사람들도 똑 같다. 역시 사람 사는 세상은 크게 다를 바가 없는 것이다. 그렇지만 나는 언제든 신호가 완전히 바뀐 다음에도 좌우를 확인하고 건너는 편이다. 늘 조심해야 한다고 마음으로 다지곤 한다.

그런데 오늘은 웬일인지 횡단보도에 들어설까 생각했었다. 그러던 찰나 그냥 기다리는 것이 좋겠다는 생각이 다시 들었다. 불과 1초 차이도 안 되는 그런 순간이었다. 갑자기 거대한 자동차 운반차량이 바람을 일으키며 내 앞을 지나치는 것이었다. 소름이 돋았다. 처음 들었던 생각대로 했으면, 이미 운명이 달라졌을 것이다.

　조심한다는 것이 무엇인지 뼈저리게 배운 것이다. 나 또한 어른들로부터 조심하라는 말을 들으며 컸고, 이제는 조심하라는 말을 많이 하게 되는 처지가 되었다. 하지만 조심이 어떤 것인지 소름이 돋도록 느낀 것은 이번이 처음인 것 같다.

　만약에 조심하는 습관이 없었다면 어떻게 되었을까? 이런 생각을 하는 것조차 금기사항이 아닐 수 없다. 사고는 예정되어 있는 대로 일어나는 것이 아니다. 대개는 대수롭지 않게 생각하여 놓치기 쉬운 찰나지간에 벌어지게 되는 것이다. 나 또한 마음먹고 조심한 것도 아니다. 그저 평소에 늘 조심하는 생활태도가 작용하였을 뿐이다. 어쨌든, 다행히 조심하였기 때문에 나도 살았고, 내 가족도 힘들지 않게 되었다. 자동차 운반차량의 운전자도 살았고, 그의 가족도 불행하지 않게 되었다.

　조심하면 세상이 편안해지는 법이다(操心則天下安). 한 사람이 한 번만 조심해도 세상에 도움이 되는 것이다. 그러니 더욱 조심하고 조심해야 할 것이다.

# 춤(?)으로 하는 테니스 연습

2009년 10월 13일 화요일(음력 8월 25일)

여기에 온 뒤로 가장 착실하게 하고 있는 것은 운동이다. 하루도 거르지 않고 테니스를 치고 있다. 건강보다 소중한 것은 없기 때문이다. 객지에 나와 혼자 지내고 있으니 더욱 그렇다. 실제로 운동이 몸뿐만 아니라 정신 건강에도 크게 도움이 된다는 것을 실감하고 있다.

테니스를 친다고 하지만 다른 사람들과 어울려 시합을 하는 것은 아니다. 혼자서 백보드를 상대로 벽치기를 하고 있다. 건강에 도움이 되는 운동이면 그것으로 족하다. 공을 제대로 칠 수 있는 방법을 찾기 위해 연구(?)에 연구를 거듭하고 있다. 날이 갈수록 공을 맞추는 것도 좋아지고 있다. 공을 제대로 치게 되면 될수록 재미도 붙는다.

모든 일이 다 그렇지만 기초가 탄탄해야 한다. 공을 치기 전에 대략 5-10분 정도 준비운동을 한다. 맨손체조나 스트레칭을 하고 달리기를 한다. 준비운동으로 5-10분 정도 폼 연습을 하기도 한다. 그런 다음에 30분 내지 1시간 정도 땀이 배도록 벽치기를 한다. 몸의 균형을 생각하여 오른손 포핸드와 백핸드, 왼손 포핸드와 백핸드를 번갈아 가며 공을 친다.

폼 연습은 공을 치지 않고 빈 라켓으로 한다. 공을 치지 않고 빈 라켓만 휘두르는 것이 재미가 있을 리 없다. 그래서 춤을 추는 것과 같은 동작으로 해보았다. 간단하게 하나, 둘, 셋, 넷, 박자에 맞춰 앞으로 나아가면서 번갈아 가며 오른손 포핸드와 백핸드의 동작을 한다. 이어서 뒤로 물러나면서 왼손 포핸드와 백핸드의 동작을 한다. 전진과 후진의 동작을 마친 다음에는 좌우로 움직이며 같은 방식으로 동작을 하면 된다. 이런 동작을 부드럽게 하면서 율동적으로 하면 된다. 일종의 '테니스 댄스'라고나 할까?

테니스 댄스는 코트에서 운동이 불가능할 경우에 유용하다. 실내외 어디서든 운동(연습)이 가능하다. 춤 동작과 같아서 보기에도 좋다. 이런 연습 방법 덕분에 라켓에 공이 맞는 순간의 느낌이 상당히 좋아졌다. 라켓으로 정확하게 공을 맞췄을 때의 짜릿한 기분은 경험해 보지 않으면 모른다.

어쨌든 혼자서 궁리해 가며 연습한 결과, 테니스를 치는 맛도 더 깊게 배었을 뿐만 아니라 춤(?)도 출 수 있으니 어찌 즐겁지 않겠는가!

# 왼손 테니스와 Half Tennis

2009년 10월 18일 일요일(음력 9월 1일)

지난 5월부터 테니스를 치기 시작한 뒤로 어느 덧 반년 가까이 되었다. 이제 제법 치는 손맛까지 느끼게 되었다. 공을 무조건 치지 않고 칠 때의 상황을 요량하여 연습하였다. 그렇게 석 달 정도 지나자 공이 보이기도 하고, 어떤 때는 맞아 나가는 공의 궤적까지도 보인다. 선수처럼 잘 치는 것은 아니지만, 벽치기나마 재미를 느낄 정도는 되었다.

그 동안 왼손 테니스도 포기하지 않고 꾸준히 쳤다. 처음에는 공이 이리저리 난무하여 그만두고 싶었다. 나도 모르게 오른손이 움찔거리곤 했다. 그래도 꾹 참고 쳤다. 이제 벽치기에서는 왼손 오른손 구별 없이 어느 정도 칠 수 있게 되었다. 백핸드도 어렵다. 대개 포핸드는 어느 정도 치지만, 백핸드를 잘 치지 못한다. 그래서 포핸드보다 백핸드를 열심히 연습했다. 이제 백핸드도 조금은 되는 것 같다.

왼손 테니스는 엉뚱한 얘기 같지만 사고와 정신의 균형을 유지해야 한다는 생각에서 시작한 것이다. 사물을 대할 때, 한 쪽을 보게 되면 다른 한 쪽은 보이지 않게 마련이다. 따라서 관점을 번갈아 가며 바꾸어 주는 것이 필요하다.

대개의 경우 어느 한 쪽만을 고집하는 경향이 있다. 물론 그것이 다 나쁜 것은 아니지만, 사고나 관점이 경색되어 어느 한 쪽만을 고집하게 되면 다른 한 쪽을 포기하거나 무시하는 흑백논리의 함정에 빠지게 된다. 한 쪽만을 고집하는 편협한 외눈박이로는 자신은 물론이고 세상을 위해서도 도움이 되지 않는다. 그런 의미에서 50년도 넘게 오른손만을 썼던 나 자신부터 고쳐보기로 한 것이다. 처음에는 어려웠지만, 이제는 어느 정도 적응이 되었다. 바라건대, 왼손 오른손의 균형이 잡힌 상태가 테니스에만 그치는 것이 아니라 내 생활 전반이 그렇게 되었으면 좋겠다. 내가 사는 세상도 그렇게 되었으면 더 좋겠다.

처음에 왼손 테니스를 시작했을 때, 잘 되지 않아 답답하기 짝이 없었다. 공을 치는 것보다 줍는데 드는 시간이 더 많았다. 궁리 끝에 라켓 손잡이의 중간부분을 잡고 쳐보았다. 뜻밖에도 공이 잘 맞는다. 공을 맞추는 강도는 약하지만 정확도는 아주 높았다. 어지럽게 튀던 공의 방향이 어느 정도 일정하게 되었다. 그렇게 공을 맞추는 감각이 자리를 잡게 된 뒤에 다시 라켓을 정상적으로 잡고 쳤다. 이것이 바로 Half Tennis인데, 덕분에 왼손 테니스 연습이 수월하게 되었다.

일본근대의 교실
## 가고시마를 찾아서

1쇄 - 2012년 2월 발행
2쇄 - 2013년 6월 발행


저 자 : 이 달 우
발행인 : 서 만 철
발행처 : 공주대학교 출판부
　　　　충남 공주시 공주대학로 56
　　　　☎ (041) 850-8752

인 쇄 : 정우커뮤니케이션즈
　　　　☎ (042) 636-1630

ISBN 978-89-87018-51-5　03370
정가 10,000

등록번호 제 5 호

잘못 만들어진 책은 교환해 드립니다.